成长的答案

开心姐姐 著

中国妇女出版社

版权所有·侵权必究

图书在版编目（CIP）数据

成长的答案 / 开心姐姐著. －－ 北京：中国妇女出版社，2024.9
ISBN 978-7-5127-2344-3

Ⅰ.①成… Ⅱ.①开… Ⅲ.①青春期－心理健康－健康教育 Ⅳ.①G479

中国国家版本馆CIP数据核字（2023）第216627号

责任编辑：肖玲玲
封面设计：末末美书
责任印制：李志国

出版发行：中国妇女出版社
地　　址：北京市东城区史家胡同甲24号　邮政编码：100010
电　　话：（010）65133160（发行部）　65133161（邮购）
网　　址：www.womenbooks.cn
邮　　箱：zgfncbs@womenbooks.cn
法律顾问：北京市道可特律师事务所
经　　销：各地新华书店
印　　刷：北京通州皇家印刷厂

开　　本：145mm×210mm　1/32
印　　张：6.5
字　　数：140千字
版　　次：2024年9月第1版　2024年9月第1次印刷
定　　价：49.80元

如有印装错误，请与发行部联系

CHAPTER 1　学习篇

为什么要学习/ 002

努力了，但成绩还是没提高怎么办/ 007

学不进去，不是学习那块料怎么办/ 012

学习时注意力无法集中怎么办/ 016

上课时总是胡思乱想怎么办/ 022

严重偏科怎么办/ 027

老师讲的都懂，为什么还是考不好呢/ 033

该如何做学习规划/ 037

CHAPTER 2　生活篇

我就喜欢吃垃圾食品怎么办/ 046

放假了就不想早起怎么办/ 051

想养宠物父母不同意怎么办/ 056

总喜欢买买买怎么办/ 061

沉迷于社交媒体怎么办/ 065

生活总是忙乱无序是怎么回事/ 072

身体发育后总有点儿不好意思怎么办/ 076

CHAPTER 3　情感篇

父母只关心我的成绩怎么办/ 082

父母过度关心和控制怎么办/ 089

和父母沟通不在一个频道怎么办/ 096

不想有弟弟妹妹怎么办/ 101

不会控制情绪、容易吵架怎么办/ 106

我和朋友吵架了，要怎么和好呢/ 112

CHAPTER 4　社交篇

性格内向害怕社交，但又渴望朋友怎么办/ 118

是广交朋友，还是只交几个知心朋友好呢/ 123

不想社交，喜欢一个人独来独往，这是正常的吗/ 128

感觉自己在哪里都格格不入怎么办/ 133

被别人过度开玩笑怎么办/ 139

与朋友有利益冲突、竞争关系时，该如何相处/ 144

怎样才是好朋友之间最好的相处状态/ 147

CHAPTER 5　成长篇

不够自律怎么办/ 154

有点儿自卑该怎么办/ 160

很胆小，怎么能让自己更勇敢一点呢/ 166

如何让自己变得乐观呢/ 172

我老是喜欢逞强，寻求帮助是脆弱的表现吗/ 177

社会太"卷"了，我想"躺平"可以吗/ 184

奋斗太苦了，我想走捷径可以吗/ 191

身边有人去世了，我们该如何面对死亡/ 196

CHAPTER 1

学习篇

为什么要学习

"好好学习,天天向上",从跨入校门的那一刻起,这句话就在我耳畔环绕。老师说,好好学习是我们当代青少年的责任和义务;家长说,好好学习将来才能出人头地,有好的未来。但说实话,这些都不太能说服我。我想知道,我们到底为什么而学习呢?

凡是上过学,经历过幼时在校门口踌躇不想进,最后被家长一脚"踹"进学校的人,可能都会有这种想法。答案多种多样,从简单到复杂,以下是一些选项:

A:因为我想以后赚钱养活自己。

B：为中华之崛起而读书！

C：因为……因为爸爸妈妈说要这么做，老师也这么说。

D：因为学习挺开心的，反正也没别的事情干。

E：其他。

你的答案是哪一种呢？

每个人的答案不同，因为每个人拥有的人生不同，对学习的感受也不同。

你的答案，也和我的不同。

当然，作为参考，你可以听听我的建议。这一篇文字没什么心理学术语，就让我们坐下来，来一次真挚而坦诚的对话吧。

一个"幼稚"的理由

我最开始努力学习是因为这样做会比较轻松：只要把这件事情做好了，老师和爸爸妈妈都会开心，见到亲戚时爸爸妈妈不会尴尬，回到家里玩一会儿，爸爸妈妈也不会逼我去学习。这样的理由不高尚，也不深邃，但它代表着我童年的认知：我努力学习，是我在尝试用自己的方式创造一个自己更喜欢的环境。

这与我的志向、理想和情怀都没关系，但我学得还挺不错的。在这个过程中，我也慢慢找到了和学习共处的方式，学得还算开心。

我长大了一点儿后，对学习的认知自然发生了变化：我学习，是为了在其中找到自我的平衡。我希望既能够养活自己，又能实现帮助他人以及完善自己的理想。而在我认识到自己的弱小无力之后，学习成为我提升自我最快的捷径。

现在，我又多了几个学习的理由，其中包括但不限于：拓宽知识面、纯粹的好奇心，以及强烈的保持清醒的渴望。我学习是因为我希望能保持思考，思考自己，思考环境，思考我看得到和看不到的东西，然后尽可能清醒且充分地体验活着的乐趣。学习能提供我思考的养料，锻炼我的头脑，所以我还挺喜欢学习的。

为了寻求理由而学习

最开始,我们不理解情怀,不懂得理想,没有目标,或许拥有一些幻想,但它们都转瞬即逝,这都不足以成为我们努力学习的理由。

任何没有经历现实和阅历淬炼的情怀、理想和目标,最终可能都是空中楼阁。它们只存在于我们的脑海里,无法被他人理解,甚至无法被未来长大后的我们自己理解。

所以,如果你在寻找一个学习的理由,寻找一份属于自己的情怀、理想、目标,那么不妨换一个角度去思考:当现实没有战争的苦难,没有饥寒的压力,而你也还未成长到拥有足够阅历,学习便是你获得阅历和磨炼的重要手段之一。

只有当你通过学习获得了一定经验之后,你才可能找到一个属于自己的、脚踏实地且能长期坚持的理由,你深深被它说服,因为你经历了许多才找到它,而拥有它之后的旅途,会精彩不少。

或许我们都是为了寻找那个理由而学习的,而非找到了那个理由才开始学习。它不一定宏大，不一定高尚，但你为了它踏上了一段名为"学习"的旅途，也将在获得它之后继续这段旅途。你就像刚出新手村的勇者，现在要去寻找你的石中剑，只有你才能拔出那把剑，只有你知道那把剑是什么样子。而当你拔出来之后，你将和它一起踏上旅程，拿它斩妖降魔，或者拿它切菜砍瓜。

所以，不要在此犹豫不决了。勇者，踏上征途吧！

努力了，但成绩还是没提高怎么办

> 我每天学习都挺认真的，上课认真听讲、认真提问、认真写作业、认真复习……没有过丝毫的懈怠，但考试成绩就是提不上去，内心真的很着急。我已经这么努力了，难道我的成绩真的就没什么办法提高了吗？

这个理由就有点儿多了。我既看不到你的卷子，又看不到你的作业，我写的这本书也不叫《一百天教你考上清华》（主要是我也没上清华，我不敢写）。

但是，如果你正在为此事而焦虑、坐立不安或心怀愤慨，又正好乐意看看这篇文字的话，我有些话想和你说。

在此之前，我会稍微说一些好像离题的话。让我告诉你一个英文单词吧，phenomenological，中文意思是"现象学的"。在心理治疗里，phenomenological world代表每个人所观察到且感受到的世界。观察世界的人不同，所得出来的结果，以及因此感受到的情绪也不同。

我们观察到的世界其实并无两样，苹果就是苹果，它不可能在另一个人眼中变成梨。如果把我们的世界当作一个大型景观台，而我们在其中拿着望远镜四处看，那么从理论上来讲，经历同一件事的每一个人在望远镜里看到的风景应该是一样的。

然而，结果并不是这样，毕竟每个人都过着不同的生活，有着不同的心情。

至于我们看到的风景究竟是什么，取决于望远镜滤镜：有的滤镜阳光灿烂，有的滤镜直接贴了一张巨丑无比的贴贴画把视线糊住了。用"阳光灿烂"滤镜的人，心情自然快活不已，而奇丑贴贴画拥有者也自然想让景观售票处退钱。在认知行为治疗中，我们生活中的这个滤镜是我们的观念。

好了，现在我们回过头来谈努力学习但成绩无法提高的问题吧。问题的成因多种多样：基础知识不够扎实，考试心态不够稳，考试技巧不够好，纯属倒霉等。但如果因此过分焦躁，甚至怀疑自己的努力是否值得，那么你可能就使用了错误的滤镜。你期待着自己所有的努力、牺牲都会得到回报。当你没有得到回报时，你会感觉到苦涩，甚至愤怒。这是认知行为治疗流派中比较常见的一种错误想法，也是一种会让人不断产生压力，甚至感到愤怒的想法。

那么，让我们先忽略努力学习的目的，来思考努力学习真的一定会提高成绩吗？

你可能说"会"。事实确实如此，努力学习肯定比不努力学习提升成绩快。

但这一定是真的吗？

不是。因为每个人都有瓶颈期。大家评价成绩的标准只是卷子上的分数，每一次平均分数的大幅提升，其实代表着整体学力、基础、考试技巧等多方面能力的综合提升。文科的成绩更是如此，历史、义学、阅读，讲究的都是积累后细水长流的输出，甚至努力积累后很长时间都不一定能提升成绩，只能等某一日的厚积薄发。

更客观地看待"努力一定有收获"

努力学习和成绩提高并不存在必定发生的因果关系。虽然努力未必有结果,但不努力就一定没有结果。如果我们认为努力学习就一定会提高成绩的话,那么每一次课前的预习、课后的复习,每一次的考前准备,每一次的错题整理,可能都是在逐渐拉高我们对于最终成果的期待值,逐渐增加我们的压力。而最后,在面临那份波动不大,甚至下降了的成绩单时,就会有更大的失落感。

因为你使用了这片"努力一定会有结果"的滤镜,反而愈发感到挫败,滤镜的镜片周围全被涂黑,只看得见中间漏出来的一点儿小缝,写着"成绩"二字。若是成绩提升了,皆大欢喜;若是没有,那被涂黑的镜片就遮住了所有学习中的成就感和自我提升感。

所以,如果你在为这个问题焦虑的话,冷静下来。如果你感受到的压力影响了你的生活和你的判断,那就换掉这个滤镜的镜片,换一个角度去想想你努力学习的经历:它是否让你看到了一个更自律、更好的自己?它是否曾经带给你完成目标和自我提升的喜悦感?它是否并不是那么"一无是处"?你要看到,努力的真正意义在于过程本身,而不是结果。

如果将"努力学习就一定会提升成绩"的滤镜换成"努力学习可能会帮我提升成绩,且还有其他好处(不一一列举)",当你面对短期不曾提升的成绩时,就会淡然得多。这份淡然或许能帮你将自己的学习习惯坚持得更久。直到有一天,水流聚集成河,从你的笔尖流过,那将会是你所认可的结果。

学不进去，不是学习那块料怎么办

> 学习的重要性我知道，家长和老师都讲了一万遍了，可我就是学不进去。我也没什么不可救药的成瘾性习惯，就是对学习没什么感觉，也学不进去。所以，我在想，我是不是压根儿就不是读书那块料？

最近有一个网络用语我觉得很适合这种场景：摆烂。

当我考试复习全力以赴后结果仍然不理想，我也会索性两手一摊，身子往床上一倒，恨不得向全世界大声宣告"我是废物"！因为对我来说，当压力过大，"摆烂"和暂时放弃是一种对现实打击的解构和缓冲——但前提是，这只是你在用黑色幽默和生活抗争，而不是真的认为自己很差，以致不战而败。

我也不可能真的向全世界大声宣告"我是废物"，主要是我很害怕有人说我泄露机密，而没人把它当谣言。最重要的是，我害怕我自己也相信了。

大部分人既不是天才，也不是庸才，他们的区别就取决于自身的努力、周围的资源、心态等因素。学不进去固然是一个问题，但或许是你还没找到适合的学习方法或者让自己努力学习的动力，冷静下来，自己摸索方法或寻求他人帮助都是可以的。

但在此之前，最重要的一点就是要纠正一个错误的想法："我学不进去，可能因为我不是学习那块料。"这个想法是不对的，不然心理学家也不至于做那么多研究来了解不同环境因素、家庭因素、学校因素对学生注意力的影响。

当你真的认为自己不是一块学习的料时，你可能真的会变成一个学习废物。你对自我的想法可能会是一把双刃剑，它要么拉着你的手走上人生巅峰，要么拖着你的腿把你拽进深渊。在这里，我将向你介绍一种心理学现象：自证预言。

自证预言（self-fulfilling prophecy）指的是当人们对结果有一定预期，他们会不自觉地朝该结果的方向行事。举个例子，当 A 预期他的期末考试会考差，那么在考前他很有可能不复习，或者对考试复习持消极态度，导致他考差，印证了他先前对自己的预期。

简单来讲，当你相信什么，你就更有可能成为什么、做成什么。你相信你有学习的天赋，你就更有可能认真预习、仔细规划，但如果你相信自己不是学习这块料，那你就更有可能对一切学习行为抱有一种放弃的心态，认为自己无论如何都不可能学到东西，尽管真相很可能并非如此。自认不是学习那块料的人或许本来可以稳步提升成绩，但他自己放弃了，真的成了一块学习废料。

是自证的预言还是自欺的谎言

这听上去很抽象，我们来回想一个具体的场景吧。你拿着课本，原本知道该好好复习，但你内心说，这有什么用？你不可能学得好，考试结果还不是那样。于是，你越来越烦躁，看书就越看越不认真，你不自觉地走神，最后彻底放下书。结果当然也是不言而喻了。

你其实不必如此。我们可以客观地认识到自己在学习这方面没有天赋，可能不像别人一下子就理解了，因为我们基础不够扎实，或者对课本的理解还不够深刻，但这些都是具体的问题，都能被解决。如果是注意力不够集中，那就先从短时间、高频率的学习开始，一点点增加时间；如果是基础不好而导致理解困难，那就找初级一点儿的书慢慢消化建立自信；如果是手机在旁边干扰，那就直接将手机关机交给爸爸妈妈或者老师。对于绝大部分人来说，学不进去有很多原因。在那其中，没有一个叫作"我很笨，我没天赋"的魔鬼存在。

至于其他问题，都是可以解决的，只是看你想不想做而已。

学习时注意力无法集中怎么办

> 学习的时候我很难真正进入状态,一会儿在想下午吃什么,一会儿开始哼歌,一会儿又神游天外,总之就是感觉和眼前的书本、作业完全不来电。我该怎么解决自己学习时无法集中注意力的问题呢?

注意力不集中可太正常了,就像我此刻正在写这篇文章,但我的目光已经飘到那只寄养在我家的猫身上了。

关于做事情不能集中注意力这件事,可能有人会怀疑,自己是不是得了什么不能集中注意力的病。医学上确实有这种病,被称为"注意缺陷多动障碍",也就是

"ADHD"。咱们先简单排查一下。比较简单的方法是，你究竟是只在学习的时候注意力涣散，还是你无论干什么都注意力涣散？如果你做其他好玩的事情时能够长时间集中注意力，那就没事。

而如果你无论何时都容易产生注意力涣散的情况，可以考虑去医院做一次专门的认知测试，并寻求医生的帮助。如果不是，你就是纯粹的学习注意力不集中。我们每个人都会走神，且每个人的注意力都是有限的，走神不是问题，走神走得太快才是问题。

当然，患有注意缺陷多动障碍的人只是极少数，学习会走神的人才是大多数。

至于大部分人，我们需要解决的只是纯粹的走神问题。以下几点是我认为比较实用的方法。

排除干扰源

我们生活的时代创造了太多干扰注意力的东西，从社交软件到游戏，从零食到各种各样的小东西，可能你原本想要花点儿时间背背单词、做些作业的，但最后被这些东西分散了注意力。

举个例子。你本来应该看书的,但你现在坐在电视机前,电视里正上演着惊险刺激的剧情,你想说"不",但精彩的电视剧就在眼前,所以你想,干脆先看一会儿吧。

我们身边有很多诱惑我们的东西(手机、零食、电视),这些东西会拉我们去关注一些和本来目标(看书)毫不相干的事情。我们进入这个环境去抵御这些诱惑是有消耗的。在这样的环境中,我们需要更多的自控力和专注力来将注意力集中在书本上。在这样的环境下,我们难以集中注意力是很正常的。

因此,比起在客厅里一边开着电视机一边学习,你不如去图书馆、自习室一类的地方学习,把所有的娱乐设施和诱惑来源都关到房间外面。因为这样我们就不需要消耗自控力来抵制诱惑,只能看书。这一步其实很简单,但很多人没做,所以,在集中注意力的时候就容易摔跟头。等到这一步完成了,我们就可以看看其他的方法了。

将注意力用在刀刃上

我们的注意力本质上是一种有限资源,它就像是输液的点滴,一直都在往下滴,只是有些人的点滴流速慢、容量大,所以显得注意力更集中、更持久。但到后期,专注的程度都有可能下降。既然资源在一定时间内是有限且不断变差的,那就应该用最好的部分做最要紧的事情。

值得注意的是,不同的学习任务花费的注意力可能也会不一样,这取决于你对学科的偏好、是否擅长,以及学习目标制订得是否科学。简单来讲,在安排学习任务的时候,我推荐的顺序是这样的:

1. 首先是一项较短、不需花费太多精力和注意力的学习任务。它的目的是让你进入学习状态,拥有一个适应期,并同时提供一种"完成任务"的成就感来激励你下一步的学习。在你的自控力变强后,这一项任务并不是必要的。

2. 接下来是最重要、最难也最耗费你注意力的任务。它可以是你觉得最难的作业,也可以是你最不拿手的学科。既然注意力是有限的，花在最重要的任务上必然是注意力最好的阶段。如果你的学习任务并没有优先级（比如做作业的时候，各个学科的顺序可能没有明确排序），那就从最难完成的一项任务开始。

3. 如果在完成最重要或最难的任务之后你还有精力，那就继续做其他任务。

平心静气

我们有时候走神是因为大脑正处于亢奋的状态。可能是因为你刚刚结束一把紧张刺激的飞行棋，可能是你看到一段非常有趣的视频，也可能是你刚和朋友聚会结束回家。总之，当我们处在兴奋的状态下，要求我们马上坐下来学习是很难做到的。

因此，如果你刚刚经历了一件让人兴奋的事情，要强行把注意力拉出来马上学习，你可以多做一步——平心静气。平复情绪的方式有很多，每个人也不一样，可以是冥想、收拾房间、听音乐，甚至安静坐一会儿。等到你的情绪波动结束了，这个时候再开始集中注意力学习会容易很多，因为干扰并不只是手机、电视这种物理干扰，我们的情绪也有可能成为注意力的干扰源。

你可以试着找找自己能够快速平复情绪的方法。我惯用的方法是跑步半小时，但这并不对所有人都适用。如果情况紧急或者没有时间/条件让我去跑步，我也会闭眼静坐一会儿，我自己觉得有效的方法是闭上眼睛默数，大概数到40心情就会平静下来，可以开始干活了。

总的来说，注意力虽然有限，但是可以锻炼，且只能通过使用来有效提升。只有频繁使用注意力，才能让我们消耗注意力的速度变慢。

因此，不妨从现在开始使用并锻炼注意力。

上课时总是胡思乱想怎么办

一到上课的时候，我脑袋里就开始写剧本、拍电影了，想东想西的，神游天外。至于老师在讲什么，完全不知道。结果显而易见，学习什么都不会，考试一考就垮掉。我该怎么做才能让自己在上课的时候注意力更集中呢？

很难判断究竟是什么原因导致我们上课精力不集中：可能那段时间身边有大事发生，吸引了自己的注意力；可能是因为自己跟不上老师讲课的节奏而思想开溜；可能是因为晚上没有休息好；也可能是因为觉得老师讲得很枯燥。

因此，我列出了两种比较突出的原因和解决方法。

如果你没跟上老师所讲的内容

有时候，一步错步步错，错过 1 分钟的课和错过 50 分钟的课是一样的，没有跟上的第一个知识点就像多米诺骨牌倒下的第一张牌。既然后面的内容跟不上、听不懂，那确实除了走神好像也没有什么别的事可做。

要跟上课程，最简单的方法就是预习。预习并不是指你必须在老师没讲的情况下把课本吃透摸熟，而是你可以先看看课本，大概了解一下知识点在哪里、是什么。有问题时在对应的地方打一个问号，做一下标记，没有问题就熟悉一下内容。老师讲新内容的时候，不一定会完全按照课本的顺序或思路来讲，且由于课堂时间有限的原因，许多细节和前因后果不一定会完全补足，有时候我们会因老师讲到新的知识点而突然觉得跟不上，就是这个原因。如果能跟上，就不会那么容易因为太难而走神。

毕竟，大部分的知识点可能第一次见很难懂，第二次见，则多多少少会好一点儿。

预习还有一个好处，它能让我们带着目的去听课。

在预习的时候，我们可能会遇到不是很清楚的知识点或者疑惑，因此，上课之前我们就知道自己在这节课就得把某个问题或知识点弄明白。当我们有一个明确的听课目标，我们更有可能会集中注意力听老师讲的内容。如果你并不清楚自己的疑惑在哪里，或者预习了半天觉得自己都会了，那最简单的检验方式是去做课本自带的练习题或者练习册上对应章节的题目，根据自己做题的结果来看自己哪一块不熟悉、有疑惑或者想错了。

因此，在上课之前，你可以按下面几个步骤来预习：1. 熟悉课本和知识点；2. 找到并标记自己有疑惑的地方，到时在课堂上就要认真听自己有疑惑的地方；3. 如果没有疑惑的地方，可以通过做练习题来找自己可能理解错误的地方。

如果你心有杂念

这恐怕是我们上课走神最主要的原因了，可能上课前我们才聊到一个明星八卦、一段好玩的视频、一部电视剧。如果我们的脑子被杂念充满，自然而然就会想东想西，没办法集中注意力听课。

实话实说，我也不是完全不走神的人，不过我会有选择性地提醒自己什么时候必须听，什么时候可以发会儿呆。比如，初高中老师讲卷子，如果是我已经吃透的题，我就有可能走会儿神。不过这样肯定不好，我是反面案例，请不要模仿。

有时候上课走神可能是因为我们的头脑太活跃了，只集中于上课老师讲的知识点，根本用不上我们所有的脑细胞，所以，我们的大脑空闲部分开始到处溜达，从天文地理到娱乐八卦。最后，反而是这一块闲事管得最多，压榨了我们集中在知识点上花的时间。针对这个问题，不如先尝试将大脑空闲的部分利用起来，让它更集中在知识点上。在老师讲知识点的时候，你可以尝试联想其他章节的知识，并思考它们之间的关系，也可以尝试思考这个知识点的难点或者延伸应用。这样的"多想"可能需要你巩固之前所学的知识点，并且加快对新知识点理解的速度，否则，会导致你走偏。

"多想"的好处还在于，它能够帮助你更加专注在知识点本身上，而不是胡思乱想。一切的胡思乱想其实都是由一个小小的念头引发的，可能最开始我们还能兼顾一下听课，只是这个念头会像雪球一样越滚越大，最后挤占了我们听课的所有注意力。但如果一开始我们的注意力就被完全投入在知识点和其衍生知识上，可能就分不出精力去走神了。

当然，这一步就是比较后期的进阶方法了。你仍然可以从上一步——预习开始准备。如果你知识点掌握得比较好了，你也可以尝试在上课的时候去运用"多想"的方法，在一些你比较熟悉的地方扩展思考，加深自己对知识点的理解。

说实话，走神无法避免

由于篇幅原因，还有一些具体的方法我就不说了，比如你可以通过记笔记等方式，用行动将自己的注意力集中在课堂上。其实，上课听讲最重要的是，如何让自己短暂地将注意力用在刀刃上。走神很正常，我们的注意力是有限的，因此，比起全程专注，将注意力高效使用在关键的地方是更可行的方法。预习和"多想"本质上都是在高效"压榨"注意力这一点上衍生出来的具体方法。

严重偏科怎么办

我的数学通常都是高分,但是,英语成绩是真的没眼看。数学老师觉得我是个宝,英语老师觉得我是棵草。我也知道严重偏科肯定不好,毕竟最后还是看总成绩,我应该怎么解决自己偏科的问题呢?

每个人都有擅长的学科和不擅长的学科,如果学科之间只差一点点,其实是正常的,不必太紧张。

这里我们主要聊聊严重的偏科:一科140分,另一科14分,这种偏科是不是很可怕?

虽然有点儿夸张,但我只是指科目之间分差过大的情况。

首先我想说的是，偏科本质上没什么问题，因为偏科可能代表着你在优势学科上有独到的天赋和学习方法。也没必要要求自己完美。但如果偏科太严重，可能会因为单科分数拖后腿，导致错过更好的机会，这就很让人惋惜了。所幸的是，虽然大部分学科要考到满分很难，但要考到平均值，甚至平均值偏上还是可以靠努力做到的。

所以，换个角度看，提高偏科科目的分数其实不难做到——因为上升空间特别大，只要有效努力，提分就会特别快。

在开始处理偏科这个难题之前，我们需要好好地进行一个小型"百日誓师大会"。通常来讲，一门学科差到一定程度，但其他学科不差，这必然是有原因的，大概率是心态方面的原因。我们很可能对这门学科有抵触心理，无论是因为这门学科太难，还是因为讨厌这门学科或者讨厌这门学科的老师，我们都需要正视问题，抵触不抵触不重要，把分提上去才重要。在一门学科上受挫太多，很容易导致我们习惯于在这门学科上无助和无能。我们可能不会主动去学习或者改变什么，因为我们可能会发自内心地认为，"我就是不擅长学这科，我就是学不来这科"。

因此,首先要将这种心态消灭掉。不擅长学可能是真的,但也只是"现在"而已,学着学着你可能会找到方法来弥补不足,未来你不一定要擅长这门学科,但至少不会认为自己"学不来"。其次,需要正视任务的艰巨性,因为你仍然需要保持其他学科的进度,但你确实需要付出更多的时间来夯实弱势学科薄弱的基础,并跟上其他人的进度。

光是这一步其实就需要你好好下决心,通常情况下,留给你下决心的时间不多。所以,哪怕你没有下定决心,也可以直接开始学。

偏科可能的成因有几种:1. 学科思维不一样;2. 遇到难处时逃避,导致问题越积越多;3. 不喜欢这门学科或者不喜欢这门学科的老师。

学科思维不共通吗

这一点比较玄,因为你很难提炼出一个大纲来说清楚学科思维。老师老问"懂了吗",你可能真的就没跟上老师的思路。但关于学科思维，请不要从一开始就尝试寻找它，因为它往往是在你对一门学科的基础足够熟悉的情况下才可能感觉到的东西，你不太可能一入门就直接解决终极问题。因此，你先跳过这个问题，等你补上这门学科的不足时，就会慢慢抓到所谓的学科思维。

听不懂的知识像滚雪球一样越变越难

这一点就比较常见了。学习的时候，我们会出现跟不上当时学科难点的情况，但我们逃避了，没有及时处理难题，最后这些难题会进阶成更难的内容，导致后面的内容一个都跟不上。这种问题往往不是短期内形成的，因此，要解决这一点，我们可能要面对重新学习上一学年，甚至上上学年课程内容的情况。

解决这个问题的方式也比较简单，那就是打基础。这门学科的每一个章节、每一个知识点都反复地学，系统性地整理笔记并反复复习。在这一步，最有用的可能不是什么教辅书，而是教科书，教科书上的内容往往正是最基础且最重点的部分。因此，你可以从整理教科书上的知识点开始。打好基础这一步需要花的时间很长，且不容易很快见成效，可一旦见效，那就很可能是大幅度提升。

你得做好长期作战的准备，和盖楼一样，打基础往往耗时最长。一门学科一学期就是一本书，把一本书的基础知识点背熟吃透就要花很长时间，更别提你可能面对的是好几个学期的基础知识匮乏，相对应的就是好几本书。

长久的耐心也会有回报。在打基础的过程中，可能还会有一些学科思维的收获。虽然踏踏实实打基础不一定能帮助你变成这门学科的优等生，但打好基础这件事本身就足够让你拿到一个平均分数甚至平均偏上的分数了。

对老师或学科有抵触心理

至于对学科或者学科老师有抵触心理的问题，这比较复杂。

很多时候，我们对事对人的抵触也可能是出于自己对学科的偏见。如果没有学好这门学科，我们对学科的抵触和一些想法，很可能就是自己捏造出来的偏见。学科不一定是它们表面看上去的样子，真正学起来还是会有所不同的，数学可以浪漫，语文可以理性。

总的来说，唯一的行动方针就是立即行动，强迫自己去学弱势学科。基础不行就学基础，不能好高骛远，更不能直接从和别人同等难度的题看起，因为那些题我们要是能做出来就不至于偏科了。

花费的时间虽然会比较长，但结果也一定对得起我们付出的努力和时间。

老师讲的都懂，为什么还是考不好呢

老师讲的东西我一听就明白，感觉这个知识点我已经掌握了，可是一到考试就蒙圈了。之前感觉已经掌握的知识点相关的题也答不对，这到底是怎么回事？

这件事情还是有解决方法的，究其原因，无非两种：1. 你没懂老师讲的知识；2. 你没懂老师要的考试答案是什么。

说白了，这都是懂得还不够。跳出自己的舒适圈，认识到自己有明显不足的地方是需要勇气的。

现在我们重新问一遍这个问题吧，请根据自身的情况选择想问的问题：我不确定老师讲的哪些东西我还没懂，或者是我不知道怎样答题才能够得分。前者更倾向于系统知识的掌握，后者则更倾向于一些考试技巧。虽然各有各的侧重点，但如果你尚不清楚自己哪方面有欠缺的话，我有一个自己喜欢用的方法可以同时解决这两个问题。你可以尝试一下，希望对你有用。

这个方法就是整理错题本。

把错题本当成数据库

我详细一点儿说说错题本的使用方法：举一反三、详细整理错误原因和出错陷阱的错题本，它能告诉我们哪些知识点掌握得不牢靠，哪些陷阱我们容易掉进去。但这只是第一步，记录下错题、错选答案、正确答案、答案解析、错误原因就可以了。这一步只是建立了一个数据库——如果我们停在这一步，就意味着虽然有了数据库，但我们不会用，那也没什么意义。数据库的意义就是寻找规律，一方面是为了总结过去，另一方面是预测未来。而"总结过去"的规律会帮助我们找到没学会的知识，"预测未来"的规律会帮我们抓到考试的技巧，甚至能在一定程度上提前预测题目中的陷阱。

核心在于总结规律，不熟悉的知识点出现错误的频率高，所以我们要在这方面多琢磨，或者多问问老师，在和老师的讨论中，可能就会弥补自己知识的盲区。如果是由于我们脑子没转过弯来，或者考虑不够细致而导致出现粗心的情况，实际上是我们没摸清老师喜欢出这种题的规律。总的来说，出题者很累，教学大纲也就那些内容，只有这些知识点可用来出题。

基本上，如果我们能整理出一些出题者喜欢设陷阱的地方，做题就会变得很轻松。

等我们大概掌握一些规律了，就可以去做题了。有一种能够帮我们很快运用这些规律的方法，那就是在我们做题或者检查的时候，可以反过来思考：如果老师要在这里"挖坑"扣分，他会怎么"挖"？哪些知识点的"坑"对学生来说容易模糊，因而极其容易做错？当我们反过来思考完再做题，我们会不由自主地想起错题本里的红色错题（我个人喜欢用红笔标记），会条件反射般地想起自己踩过的"坑"和从中总结出的规律。如此一来，多做几次题和熟悉一下这种做题方式，错误率会降低很多。

不断更新的数据库才是好数据库

错题本大家都熟悉，大部分人也都用过，但能不能起作用则取决于是否将这个工具好好利用起来，真的把它吃透。

从错题本中获得的技巧是建立在我们已经努力收集了很多错题的基础之上的。无论是怎样的技巧，都需要它的数据库来帮我们找到正确的方向，让我们的"技巧"成为"有效的策略"，而不是"投机取巧的运气"。

如果你认为自己掌握的知识已经足够多了，只是缺一些考试技巧和运气，那就不妨冷静下来。在学习这场漫长的旅行中，你只是刚开始，应该保持谦逊，并不断承认自己的不足，不断更新你的错题数据库，分析你的错误并寻得规律，然后继续前进。

也许你认为自己懂了，但可能没有真正弄懂。你本来还能懂得更透彻，但如果你认为自己懂了，失去了谦逊的心态，那就不会再继续深挖了。

如果你认为自己已经懂了，不妨停下来，想想有什么东西你没懂。

该如何做学习规划

> 我学习的时候,总是漫无目的,逮到什么学什么,最后的结果就是不知道自己学到了什么程度,掌握了哪些内容,只是感觉学得乱七八糟的。我该如何给自己制订学习计划呢?

让我们一起来做一个学习计划吧。在这篇文章里,我会模拟一个做学习规划的过程出来,你可以根据自己的情况进行调整,毕竟适合自己的才是最好的。

学习规划的步骤

步骤一，设立目标。假设我现在的成绩是年级前500名，我的目标是年级前300名，那么在学习规划的第一行就写上目标。如果这个目标太过宽泛，你并不明白具体内容的话，可以去参考一下那些年级前300名的同学的各科分数，然后和自己的分数进行对比。这个目标也可以换成具体科目的目标，不过我们目前就写一个宽泛的吧。

目标：期末考年级前300名。

步骤二，确认我们拥有的时间。假设我们刚考完期中考试，那就还有半个学期。这个时期可长可短，一般情况下，一个长期的学习规划中应该有很多小的学习规划。目标越具体，就越方便执行。

步骤三，根据目标和时间，列好主次表。比如，我发现我和年级前300名之间，是数学成绩拉分太多，而我的数学主要失分在几何方面，那么几何类型的数学题就会是我最主要的提分板块。其他的可以按照学科找到失分点，再根据学科排列。

我的学习规划表大概会像这样：

优先度排行	重点失分点 No.1	重点失分点 No.2	重点失分点 No.3
数学	几何题	圆锥曲线题	粗心
语文	阅读	作文	暂无，总体复习
物理	力学题	电磁学题	暂无，总体复习
英语	完形填空	作文语法小错误	暂无，总体复习

表中具体内容只是示意，大概就是这种感觉。然后，复习时会优先复习所有学科的"重点失分点No.1"，并按照学科优先度排列。一定是优先重点的，否则可能学了很久提分不明显，导致自己丧失信心和继续实施计划的动力。

步骤四，细化到每周和每月的安排。虽然有半个学期，但半个学期很快就会过去，一次性做半个学期的学习规划也不是很容易。因此，我们可以从一周甚至一天的学习计划开始，然后将这个短时间的计划多次循环使用，这期间适当根据任务进度调整就好，但大方向的时间分配不会有太大改变。

值得注意的是，一定要有短时间的具体计划，这样才能方便执行，也能让人有动力执行。

用一天的计划来做例子。一般情况下，我会根据情况做两种不同的计划：1. 如果我当天有其他硬性安排，就会给每一个任务标记完成时间，比如在上午9:00 ~ 10:30 之间完成；2. 如果我没有其他硬性安排，只是单纯地有一段下午完全空闲的时间，那我就会把所有的任务列出来，按照自己的节奏和状态一个一个完成。

让学习规划变有效的小技巧

我们在实操过程中有几个重要细节容易忘记，而这些细节会影响到最后学习规划的质量和是否能够完成它。因此，我也列在下面。

1. 是否给自己安排了过多的任务

最开始做学习规划的时候往往是我们最激动也最有动力的时候，正因如此，如果我们按照最开始的劲头给自己设立目标，很容易设立了我们无法完成的任务。而一旦我们有几天没能完成学习计划，就很难有动力将学习规划继续执行下去。

除此之外，我们在给自己安排学习规划的时候往往是在一个理想状态：假设不会有其他突发情况。但现实是，干扰我们的事情很多，因此在做学习规划时，处理额外情况的时间也得提前预留出来。

总的来说，我们可以大概设置一个百分比：你安排 60% 的任务，这是属于按照规划必须认真完成的任务。这个百分比只是一个开始，因为初期实行学习规划要更难一些，等到熟练了，且学习效率增加了，可以慢慢将这个百分比提升到 70% 甚至 80%。

2. 是否设置了短期的小目标和奖励

我们需要一些正面反馈来激励自己，否则很可能因为时间漫长而丧失动力。越是长期的计划，越需要注意每一个短期的正面激励。我们可以给自己设立一些短期努力就能完成的小目标和对应的奖励，比如在追求期末考试目标的同时，我们可以设置一些支线小任务，如听写、周考成绩等。当我们实现目标后，我们一方面会有一种成就感，另一方面也可以视情况给自己一点奖励，比如对我来说，奖励就是一块小蛋糕。

这样的短期目标会让我们对自己的学习规划始终

保持动力和兴趣。除此之外，还要记得给自己留休息时间，比如可以每周留一天或者半天完全不安排学习，什么正事都不管，思想完全放空，做自己想做的事情。这样的休息也会帮助我们缓过神来，一些完成短期大型目标（比如月考成绩进步了50名）的大型奖励也可以安排在这个时间，比如可以看一部自己一直想看的电影，通关一个一直想玩的游戏等。

3. 是否真的抓住了自己需要学习的重点

我们有时候会对自己的丢分项和弱项产生误解甚至并不清楚，不过分析丢分项和弱项有时可能不是自己单独做得了的事。因此，在制订计划的初期，不妨去找老师看看你的学习规划，和他聊一下你最近的分数、学习状况和可能出问题的部分。老师毕竟教过那么多学生，从他的视角更有可能看出你真正丢分的症结所在。因此，在制订计划初期，找各科老师聊聊自己的状况可能会有奇效，偶尔还会获得老师的额外资源，比如一些适合的习题集或者资料，甚至能事半功倍。

当然，如果你不太想找老师，找成绩比你好的同学也是可以的。他们可能把知识点和老师出题风格研究得很透，因此，他们能够分析出哪里是重点、哪里不是重点。

总之，这一步能防止在做学习规划时漫无目的。以前偶尔我也会遇到反向冲刺或者无效规划的情况，且通常都是在我对自己的问题并不完全理解的情况下，而找比我学得好的人或老师看看我的学习规划，并提出中肯的意见，真的很有用。

CHAPTER 2

生活篇

我就喜欢吃垃圾食品怎么办

我很喜欢吃垃圾食品,如汉堡、薯条、炸鸡、薯片等,甚至已经把它们当作主食了。我也知道这些食物对身体的危害,每次告诫自己少吃点儿,但看到后还是会毫不犹豫地买买买。我该如何控制自己对垃圾食品的欲望呢?毕竟,体重是真的在暴涨呀!

我也喜欢(大声)!

毕竟这些食品设计出来就是为了满足口腹之欲的,这还真不怪你会喜欢。人家一个版本的汉堡改良口味,要经过几百次反复调整,研究做了一堆又一堆,产品开发研究员们很可能比我上学还勤快,那作为产品的垃圾食品讨人喜欢很正常。

当然,当你提出这个问题的时候,想必你也知道问题关键点在哪儿了。垃圾食品只能当个零嘴,它有一个适宜的量,一旦超过了,那就会有一大堆健康问题找上门来。你肯定知道这些,不然不会困惑。

我个人也很喜欢吃垃圾食品,初中有段时间甚至对垃圾食品上瘾,会在房间里面瞒着父母藏薯片,哪怕知道自己当时的体重和身体健康状况都不适合再吃了,也还是忍不住会藏。如今我仍然会买一些垃圾食品,只不过现在的我能控制住自己了,能主动停下,且有意识地告诉自己每天的量最多是多少,再多就不会吃了(可能是体会到健身的苦之后,觉得吃了就白运动了吧)。

不可靠的自制力

在这个过程中,最开始的一步其实特别简单:下决心控制的时候,我把零花钱袋子放家里,每天出门就带8元钱(地铁票+水)。我没办法在上下学路上买零食了,摄入的垃圾食品量自然少了很多。

这个过程中的逻辑，让我们用游戏的方式解释一下吧。

我们的自制力是有限的，我们可以把它理解成一个能量槽，或者说是体力槽，用一点儿，少一点儿，恢复速度还很慢。一天中，我们在学习上用了，在情绪控制上用了，在社交上用了，在运动上用了，剩下的那点能量可能就不足以用来管住我们的嘴了。这个时候有两种方式可以彻底解决问题：其一，增加能量槽，扩充能量；其二，减少管住嘴所需要的能量，提升效率。

增加自制力的体力槽是一件需要长久锻炼的事情。这和你打游戏打了很久，直到升级的时候它才会稍微增长一点点如出一辙。尽管长期锻炼后区别很明显，但短期很难见效。而减少管住嘴所需要的能量其实也需要很长时间的习惯养成或者脱敏治疗，但在学生阶段实施起来相对容易一点儿。

它们都是解决问题的根本性方法，你需要一直想着它们，慢慢实现。但如果现在精力有限，不如从一些简单的、细节的方式做起。

目标是觉得"吃零食好麻烦啊！"

你需要理解，只要把吃零食的代价加大就能控制吃零食的量。比如不带钱或者手机去学校，因此，如果买零食，就需要回家拿钱或者手机再出门买；或者只是把零食存放点从书桌附近换到厨房最顶上的柜子；又或者直接将零食上交给爸爸妈妈，跟他们说："如果我要吃，我需要提交一份做完的作业。"当我们的能量不足以控制自己的时候，我们可以花费很少的能量改变一些生活细节，让他人帮忙监督。

增加的消耗可以有很多种形式，比如金钱、体力、社交能量等。如果这些形式对你没有用，你可以随意替换，但核心思想是让吃垃圾食品变得更难。比如，对我来说，只要看到零食包装上的热量表，我就会自动放弃。因为简单一换算：这一包零食吃下去我得跑三天的步，告辞！跑三天呀，我会累死的。

因为当一件事变得"不便捷、有代价"时，我们本能就会去思考是否值得，一思考就会把理性代入，而理性大概率只会让你注意健康并痛骂食品厂商。又或者，我们只是单纯地懒得不想跑去厨房踩在椅子上摸柜顶上的零食（我有时候会这样）。吃垃圾食品也是一样，当我们让这件事变得麻烦了，减少其摄入是自然而然的事情。

当然，当你逐渐习惯将吃垃圾食品变成一件"有点儿麻烦"的事情时，你也能减少自己管住嘴所需要的能量：垃圾食品看上去不那么诱人了，抵御它的诱惑自然就简单了。时间一长，这个问题将不会再困扰你。

放假了就不想早起怎么办

一到放假,我就喜欢赖床不起,但又觉得作为一个学生,将最宝贵的时间浪费掉了,特别不安,自己不该这样做,同时又担心假期赖床会影响自己的生活规律。我该怎样劝自己,假期不要睡懒觉了?

在?摄像头关一下?

我现在是属于"一般赖床"的类型,因为生物钟通常会把我叫醒。但我中学的时候经常赖床,我爸会生气,我妈好像还比较理解我想要长到一米七、需要充足睡眠的理想,所以,基本上我都能睡很久。初中的时候还能偶尔出现下午才醒的情况,不过到了高中,自然醒就差不多是 9 点，最近我总是很令人无语地早上 7 点半就睁开了眼睛，和还没响的手机闹铃面面相觑。

其实，如果放假情况允许，身体也确实需要休息的话，偶尔睡睡懒觉、赖赖床也是没问题的。初高中生保持充足睡眠还是很重要的。但如果你真的想早起，觉得赖床浪费太多时间，你也需要更多时间学习，想在假期养成更规律的睡眠习惯，我还是有点儿想法的，毕竟谁年少时没制订过一个需要早起的假期计划呢？

执行早起计划需要注意什么

我的想法如下：

首先，别晚睡。如果你计划第二天早上 7 点钟起床，那以青少年对睡眠的需求，晚上 12 点后入睡，无论如何你都会觉得很困，起床也会很痛苦。如果你希望自己在假期不晚起，那你得保证在假期不晚睡。

其次，不要把早起想成辛苦的事情，也不要把它当成目的。很多人会说，早起是一件需要自律和动力的事情，认为早起和自律直接关联，因此，觉得不早起就像是不自律一样。虽然一定程度上我无法否认这句话，但我的早起并不完全是因为自律，更多是因为生物钟会自动唤醒我。

事实上，早起是能够跳过自律这一环节的。不是因为想早起、想当一个自律的人才去设置闹钟，而是因为别的事情。而这个"别的事情"，由你自己设置。可能有的同学早起是想要背英文单词或者进行别的学习，那是相当充分的理由，但这就和自律挂钩了。毕竟是放假，能够要求自己早起学习还是相当令人敬佩的。总之，如果想在假期早起，可以先从自己喜欢的事情开始，养成自己的生物钟，再慢慢将不同的活动规划到早上的时间表中来。

对于我来说，我形成早起的生物钟的原因，一方面是我周一到周五早上都有课，另一方面是因为我经常会早上起来和国内的家人朋友打电话。现在生物钟固定了，虽然我不是起得特别早（比如5点）的类型，但也会觉得早上多出很多时间来挺不错的，这段时间可以用来写论文、看书，甚至可以在没事的时候一个人看场电影。

这样做的好处是，有一个明确的目的能让自己早起，不是因为"我必须早起"而早起，而是因为"我想要和家人朋友聊天"而早起。前者没有任何奖励，哪怕早起了可能也会因为不知道自己起这么早干什么而感到茫然，最后回去继续睡觉，或者第二天放弃；但后者就不一样了——有奖励，有自己想干的事情，早早起床了也会有收获。当受到奖励的鼓舞或激励时，早起需要的意志力和自制力都会少很多，而且再去睡回笼觉的概率也会降低很多。如果是假期，也没有短期明确目标的话，可以从你喜欢的事情开始，比如看书、看电影、出门散步、跑步、画画。可以从你觉得容易做的事情开始，如果想不到什么，也可以尝试用这段时间额外培养一项兴趣或者特长。

从早起的奖励过渡到生物钟

总之，最开始可以通过一项兴趣或者想要尝试的活动开启早起的习惯，而不是等到早起了才去想要干什么。提前设置好要做的事情，早上起来会更顺利，到时候就不是纯粹的意志力抗争，而是乐趣与睡眠的抗争。再过一段时间，那就不是乐趣和睡眠的抗争了，都已经没有抗争了，你的身体会自动在早上把你喊醒。我养成类似的睡眠习惯大概花了两三周的时间，这个时间可能会根据每个人生物钟和睡眠规律有所差异。但等到生物钟习惯了早起，早上的时间就可以不局限于兴趣了，它成为可以支配的自由时间，你可以把其他更复杂的事情安排进去，比如学习或者工作，这取决于你自己的规划。等到那个时候，早上起来写论文也不会那么痛苦了。

其实，很多时候我们只想着假期要早起，但具体早起多久，多出来的时间要干什么，却没有详细规划。因此，早上起床的时候，如果没有明确的事情要做，你唯一想做的事情可能只有继续睡觉。到那个时候，起床就真的是纯粹意志力的战斗了，当你的大脑没有完全清醒的时候，不想起床也挺正常的。

毕竟你也不能要求你的意志力比你还早醒，那就太为难人家了。

想养宠物父母不同意怎么办

我特别喜欢宠物，看到养猫养狗的朋友就很羡慕，也想拥有一只宠物。但爸妈总有一万个理由拒绝我，不知道该如何说服他们。可我真的想养一只宠物，请问我该怎么办？

养宠物确实是一件需要全家人一起讨论的事情，因为宠物在某种意义上是我们新的家人。既然要养宠物，就一定要对宠物负责任，好好照顾它。照顾一个生命可能比我们想象的要麻烦很多，如果只是因为觉得宠物可爱却不想承担麻烦的话，最好还是不要养，上网搜宠物视频或者偶尔去宠物咖啡厅看看、玩玩就可以了。

不过，如果你有承担麻烦的责任心，那我们可以聊聊这件事可能的解决方法。

养宠物的常见问题

首先，即使我们有责任心，也仍然有很多的问题需要认真考虑，如下面几个问题：

1. 家里是否有人对宠物毛过敏？

2. 是否真的对养宠物的麻烦有所了解？比如养猫，每天都要铲屎、喂食、喂水，黏人的猫还需要我们时常陪它玩。

3. 如果是养大型宠物，家里是否有足够的空间供它们溜达？

4. 宠物一旦生病，所需要的金钱支出和时间支出也很多，你和你的父母是否有足够的经济预算？是否有足够的时间照顾它？是否有足够的耐心在宠物生病时也悉心照顾它？

5. 购买食物、营养品，给它洗澡、驱虫等都需要花钱。此外，你和你的父母是否真的有大量时间去投入日常喂养？如果你的时间不够，你的父母是否愿意去做这些事情？如果你的父母时间和精力也不够，那又怎么办？

6. 如果你将来去外地上学了，或者与朋友较长时间外出旅游，或者父母长时间出差，谁来照顾宠物？毕竟一旦决定养宠物，就要养一生，要考虑长远一些。

我光是简单想想就有这么多问题了。我虽然没有真正养过宠物，但有不少朋友假期回国时把宠物猫寄养在我这里，他们往往都是大包小包扛很多东西过来，猫吃得比人还好。

此外，还有晚上猫乱跑影响人睡眠的问题。我第一次接受朋友把猫寄养在我家的时候，曾经半夜被猫用爪子弄醒，然后拿着书很无语地看着猫睡在我狭窄的单人床的正中央。

总的来说，养宠物虽然好处很多，且貌似拥有了新的家人，但还是会有很多麻烦，衡量好自己的时间和精力及家庭的经济水平再决定也不迟。

重要的"新家人"或许会晚些时候来

如果上述问题你都能解决的话,那我们就真的可以去尝试劝说父母了。养宠物毕竟不只是我们自己的事情,而是和我们的家人也息息相关。如果家里有特别害怕宠物的人,那就真的很难说了。

总的来讲,尽可能真诚地和家长沟通这个话题,表达出自己能够承担责任去照顾宠物,以防给家人添太多麻烦,并且在沟通过程中保持温和的态度,不要急躁。

如果方便的话,还可以适当地让父母增加一些和宠物接触的机会,无论是通过去宠物店看看,还是分享宠物的视频,都要尽力减少父母对养宠物这件事的抵触情绪。

当然,即使把这些事情都做好了,父母可能还是不同意。如果是这样也不要灰心,养宠物这件事是可以等到自己经济独立或独自居住时再做的。我现在身边养宠物的大学生朋友们,大多是离开家之后才开始养的。

至于在经济独立之前,我们其实也有不少可以代替养宠物的事情可以做。如果你真的很喜欢宠物,就去朋友家看看，或者去宠物咖啡厅看看。无论是哪种情况，都可以在一定程度上让我们获得有宠物的陪伴感和照顾宠物的成就感。

总的来说，宠物是我们的另一类家人，对家人是需要承担责任的。如果你准备好了，就好好和父母协商吧，希望你能得到一个满意的结果。

总喜欢买买买怎么办

我只要一开始买买买就"刹不住车",没有的时候觉得这个也需要,那个也需要,要是不买就感觉心里不圆满,但最后买回来的东西很多都没有用到。尽管如此,当我再次产生购物的念头时,又陷入相同的循环里,不买不甘心,买完会后悔。我该如何控制自己这种购买欲呢?

这就是所谓的狄德罗效应,也被称为"配套效应"。它在18世纪由法国哲学家丹尼斯·狄德罗提出,指的是人越获得越不满足的情况。人们在什么都没有的时候,还比较快乐,但有了1,就会想有2。后来该效应在消费心理学中被广泛应用。

比如你买了一件上衣，就会想要买配套的裤子、外套、首饰和包。比如你新买了一块地毯，就会想为了让整个房间风格一致，买更多的画、家具，甚至重新装修房子。我们讲究一个和谐，讲究一个配套，因此，只要买了一件东西，就会开始滚雪球似的买下去，自然也收不住购买欲了。因为为了"配套成对"和"和谐一致"，我们会觉得有些东西十分必要，实际上它们没啥必要，硬要说的话，也是商家把它们捆绑在一起销售显得很必要。

这个"捆绑"可能并不直接，甚至它们有可能全都是捆绑在一个"概念"之上的。比如"对自己好一点儿"，一大堆东西都可以和这个概念有关，如香薰机、茶水、咖啡、抱枕等，什么都可以关联起来。只要接受了这个概念，后面一大堆乱七八糟的东西你可能都会觉得有需要，它们就成了"配套的"，开始了狄德罗效应的滚雪球。事实上，真要对自己好一点儿，也的确有东西可以买，但不一定全都买，对自己好一点儿和买不买某件东西并不直接相关。而且可能出现恰恰相反的结局，钱被花掉了，等真正有想要的东西时，却买不了了，这反而更会伤害到自己。

如何对抗"被捆绑"的购买欲

如果你有过度购买欲的问题,下面几个方法也许能帮你控制一下。

一、关于滚雪球的第一片雪花,好好看看、仔细想想,你是否真的需要。

这比较简单,不买第一件就不会买第二件。但这也涉及一件更细节的事情是,你得清点一下自己有什么东西,能拿来做什么。实际上,好多东西我们自己本身就有类似的替代品,就是纯粹忘记了而已。知道自己有什么,才能知道自己需要添加什么。

二、对于一部分出于兴趣、爱好和生活品质的追求而购买的东西,列好清单,控制金额和数量。

节约不代表你要牺牲生活品质。相反,控制花在无用地方的钱,做好计划,买品质更好或者对你的生活提升更关键的东西,会对提升整体生活品质更有帮助。在这一点上,如果尚不清楚关于品质的追求和购买的方向,可以先从列好清单和控制这一类花销的金额上开始。一旦有了预算,就有了取舍,取舍之间就自然知道什么东西对自己更重要。省下来的钱若是有余，甚至可以在真正需要的东西上适当增加预算，买同类型产品中品质更好的。更重要的是，清单和预算能帮助我们对商品进行分门别类的讨论，因此也能减少一些"顺手"买下来的捆绑商品。

总的来说，心态平和，不要冲动。如果实在想买一件东西，最简单的方法是把想下单的东西延后一周再下单，除了必需品，大部分东西等到情绪过了之后再来看，就会冷静不少。这个方法对我比较有效，你也可以试试。

大体上我自己用的方法也就这些。若是之后各位想到别的好方法，可以告诉我，我们一起分享。

沉迷于社交媒体怎么办

　　每当我下定决心认真学习或者做某件事的时候，中途就又会忍不住拿起手机，看看有没有人给我发消息，或者是刷刷小视频。这样做的后果就是打乱了我做事的计划，效率变得很低，可又实在克制不住。我该怎么解决社交媒体带给我的困扰呢？

　　我在这方面算一个反例：我过生日的时候，为了让亲友知道我的近况，给自己立了一个目标——每周发一个朋友圈，内容不限。

　　总之，现在我的生日已经过去3个月，我上个月只发了一条朋友圈，这个月已经放弃了。平日里我也总是会忘记看社交媒体，虽然邮箱、微信还是会每天固定时间看一下，以防有人联系我，但朋友圈几乎不刷。

很难说究竟是时刻关注社交媒体比较好，还是像我这样需要在计划清单上提醒自己关注社交媒体比较好。无论哪一种都有利有弊，社交媒体只是工具，但工具的力量有时比我们想象的要强大。当一种工具在我们生活中出现的频率太多或者太少时，它都会对我们造成影响。

因此，如果我们每天花一小时甚至更多时间在社交媒体上，需要考虑一下是否有社交媒体成瘾的情况。本文许多内容都参考了专业机构的讲解和方法，也结合了一些我自己的理解。如果这篇文章并不能有效地帮助你（我觉得概率挺大的），请及时寻求专业人士的帮助。

社交媒体成瘾的非专业初步自测

首先，我们分析一下自己的情况，看看我们的问题是否真的严重到需要控制社交媒体的使用。毕竟有些人可能只是正常使用社交媒体，而且我认为在现代社会完全不使用社交媒体也会有些困难。简单来讲，我们可以看看自己是否出现了以下几种情况：

1. 我们是否花费大量时间去想社交媒体的内容？

2. 我们是否对社交媒体的需求或渴望越来越大？

3. 我们是否通过使用社交媒体来忘掉我们个人的烦恼或生活上的问题？

4. 我们是否尝试减少使用社交媒体，但最后失败了？

5. 我们是否会因为无法使用社交媒体而感到无所适从、不安或不舒服？

6. 我们是否过分沉浸于社交媒体，以至于生活或工作都受到影响？

通常来讲，如果超过三个问题的结果是"是"，那么就可以考虑我们是社交媒体成瘾，并需要调整了。如果你的状况还好，你只是单纯地觉得频频因为手机上的社交媒体分心很烦，因为自己总是想看有没有新消息，也可以跟着一起调整。虽然不一定是社交媒体上瘾，但学会选择社交媒体内容和控制社交媒体的使用，总是件好事。

如何判断社交媒体的使用是否有害

社交媒体有很多不同的类型，比如微信、微博、小红书、贴吧、抖音等，每一种都有不同的特点。有的偏重信息获取，有的偏重社交需求，也有的偏重娱乐和享乐。因此，在使用社交媒体时，我们需要思考的第一个问题就是：我们要用社交媒体干什么？如果是社交需求，和人聊天加强联系，那么微信和QQ仍然是需要的，而小红书或者抖音这种更多是为了信息获取或者娱乐需求的App，可能就不是那么需要了。我们毕竟不是生活在1000年前，一些基础的需求仍然是需要满足的，比如社交需求。但如果是为了娱乐需求或者信息获取，我们可以思考一下是否有更好的方式来代替社交媒体满足这些需要。

比如娱乐需求，比起刷抖音，能让我们感到好玩的事情有很多，能让我们获得满足感的事情也不只有微信朋友圈被点赞。至于信息需求，我们在社交媒体上所看到的信息大多是碎片化且鱼龙混杂的，百分之七十甚至八九十可能都不是我们真正需要的，因此，我们也需要筛选自己想看的信息。

如果你不是很清楚从何下手，可以把你使用的每一个社交媒体列出来，写上你在它们身上花的时间，然后依次写上它们的优缺点。列出来之后，我们会对自己为什么如此依赖社交媒体有一个清晰认知，也能更清楚自己是在哪些社交媒体的使用上出了问题。

等到我们知道哪些社交媒体对我们来说是无用的、有害的，甚至上瘾的，我们就可以进行下一步了。

举个例子。假设我是一个很依赖社交媒体的人，平时主要用微信和微博，总是控制不住去看微博，从娱乐八卦到国际形势。虽然我知道自己应该去工作和学习，但总是忍不住去看一下微博。在我列出社交媒体使用情况后，我锁定了微博。而微信主要用来做必要的沟通工具，没占用太多时间。

那么，我需要做的就是减少微博使用时间，以及抵抗对我来说干扰过多的社交媒体。具体来讲，我可以通过清理微博关注对象、关掉微博的通知等方式来实现。大部分情况下，我们其实并不需要完全逃离社交媒体，但需要给它设一个限制，因此，我给自己规定了时间，每天只看 15 分钟微博，大概了解一下时事。如果实在需要外力的协助，直接将手机上交给父母也是一种方法。

这一步并不难,只要执行,对于大部分人来说都会有效。最开始的几天会有点儿心痒难耐,出现一定的戒断反应(毕竟社交媒体上瘾和药物上瘾的大脑活跃性十分相似),但后面会慢慢好起来。

社交媒体真的无法替代吗

你可能会问,如果不用社交媒体,还能干什么?

这就是为什么我建议你先思考自己需要社交媒体干什么事情。如果是社交需求,那就挑选一下社交对象,网友中的一部分人或许确实很不错,但可能也有很大一部分人是无聊甚至让人生气的。除此以外,现实生活中仍然有人需要我们去陪伴和沟通。因此,如果我们需要社交媒体是为了陪伴和社交需求,那我们就可以用放下社交媒体的时间和身边人说说话或者在现实生活中交新朋友。如果是为了娱乐和满足感的需求,那我们就可以换一种娱乐方式或者获取满足感的方式。这个世界上好玩的事情那么多,你可以去探索自己想做什么,也可以通过提升个人能力来获得满足感。最后的信息获取需求则比较复杂，因为一些社交媒体确实是很好的信息获取来源，但也因为社交媒体上的信息过多，我们很容易迷失其中，花了不该花的时间。针对这一点，我们可以从管理社交媒体做起，取消关注那些不知道为什么关注的人，取消社交媒体的主动推送，再结合控制社交媒体使用时间等方法，也会提高我们获取信息的效率。

等我们能够控制对社交媒体的使用时，就不会那么容易被手机的叮咚声或者震动声干扰了。

总的来说，如果真的成瘾，而且自己无法通过上述方式戒掉，请一定及时寻求专业人士的帮助。

生活总是忙乱无序是怎么回事

> 我每天都过得很忙碌,计划很满,但常常都是乱糟糟的,而且什么都没有做好,这就让人很烦躁,觉得一天都兵荒马乱的。我该怎样改善这种情况呢?

在这件事上,我有一个小技巧,不妨试试看。

既方便偷懒又灵活的日程表

对于大部分人来说,任务清单里的任务虽然很多,但总会有一些通常不会超过半小时的事项,比如去买洗衣液或者发一个邮件。对于这些任务,我常常都只是放在那里，不具体规划时间，有空就做。那些需要整块时间来完成的任务（比如需要1~3小时的），我会刻意安排好时间：从1点到3点做任务A，从3点到5点做任务B。这种时间规划对我来说格外有效，能帮助我高效地完成任务，这和单纯地将所有任务放进清单里相比要好多了。

听上去或许和你的日程表并没什么区别？不，其实有一些偷懒小技巧在里面，我会刻意延长大型任务的时间。一个半小时能做完的任务，我会预留两小时。两小时能做完的任务，我会预留两个半小时。我只在规定的时间干规定的活，除非有新活。我在规定时间内提前完成了任务，剩下的就是我的休息时间。如果我恰好还有余力的话，就会在这个时间段把一些没有固定时间的琐碎杂事做了。

这个技巧的重点是，我大概率能提前完成任务，因此我可以根据余力选择是休息一下养精蓄锐，还是继续干活。

这个小技巧妙就妙在，在保证最终成品质量的前提下，我干活干得越快，休息时间也就越长。这给我提供了一种特殊的奖励机制：早干完，早解脱。由于这种奖励机制，我做事的速度会因为渴求休息飞速上升，因为我知道只要干完活，接下来的时间就属于自由的我了。

更重要的是，这样的规划方式让我能重新找回对于忙碌一天的期待感：只要我好好干活，就能在干完活后多玩一会儿。其实有些任务也很有趣，它之所以让人麻木，是因为消耗了我的能量和精力，导致我太累了。但如果能将休息时间也规划进日程表，甚至将休息时间作为一种奖励机制，就能让人获得喘息的时间，才会有精力，且越干越开心。而每一个任务额外延长的时间，既确保了我能够保质保量完成任务，又留下了一些灵活的时间让我变通，能及时处理一些突发事件。

如果规划的内容一个都做不好，那就怪规划

人类毕竟不是机器，我们并不总是严格遵循日程表，周围的世界也并非流水线一样一成不变，甚至越是忙碌，你会发现变数越多。你可能会怀疑自己的规划，因为有时外界和内在的因素都在阻止你去完成它；你可能会觉得它满满当当，又一文不值，这让你的规划表显得很尴尬。但这并不代表你不能规划自己的忙碌生活，

相反，规划能帮你更好地了解自己在做什么、应该做什么，以及做成了什么。

如果你完不成自己的规划，那不妨换一个角度想"规划"："规划"是用圆规在空间里画出一个圆，这个圆很大，因此，它理应包括很多事务，包括突发事件及个人休息。但你可以把混乱的事情也规划进去，哪怕你不知道它是什么，也留一个空间给它：当它来了，你有余力；若它没来，你就能休息一下，或者干点儿自己喜欢的事情。

计划被打乱，也要本身就在你的计划之内才好。

当然，该忙还是忙，但至少事情能干完，睡觉能睡好。

身体发育后总有点儿不好意思怎么办

我现在处于青春期发育的阶段，身体慢慢地有些变化。对于这些我有些惶恐，也有很多疑惑，但又不知道该去问谁，就觉得这种私密话题让人怪不好意思的，生怕被别人知道后成为谈资。我应该如何去面对青春期的身体变化呢？

在初高中时期，无论男生女生，生理和心理上都会有很大的变化。最开始我们会对这样的变化无所适从，但这其实是人自然生长的状态。这本书的许多章节都与心理成长有关，所以，我们这一篇主要集中来讨论生理发育。

虽然是我自己的"歪理",但我觉得生物自然生长规律的事情是需要我们以更平常的态度说起的。我们对于"出生"这件事可以自然而然地说起,那也应该以同样的态度面对死亡的话题。同理,生理发育也是其中再正常不过的自然规律,因此,我们坦率且开诚布公地讨论这个话题就好了。

男生们的情况……

男生和女生在这个阶段会有很多不同。我自己是女生,因而对男生的发育和需要注意的事情不太清楚。尽管去问了男性朋友,但得到的答案有点模棱两可,估计是他们不好意思和我讨论这个话题。

虽然我是真的只想从学术意义上了解一下,不过看对方的态度,感觉再追问也不太好,所以我没有继续问,不过我把朋友提供的信息总结在下面了。

1. 好好睡觉,好好吃饭,好好运动。因为这段时间有好的生活习惯,会有助于长高,对于整体的发育很重要。

2. 注意卫生，尤其是私处的卫生。如果有不舒服或者内衣裤尺寸不对的情况，应及时更换干净和尺寸合适的内衣裤。最好是和自己的父母商讨一下，尤其是同性的父亲。

3. 性成熟是青春期标志之一，因而在雄性激素增长的情况下，会有性欲的需求。因此，做好性教育和不带偏见地去了解性知识是很有帮助的。如果学校或家庭没有提供相关的性教育，可以主动去询问专业人士，如去医务室或者去医院找医生咨询。

女生们的情况……

其实，以上所有对男生们的建议对女生也适用。如果家庭中缺失母亲角色或者父亲角色，也可以去找医务室的老师询问基础信息。不过我还有几点要写给女生的，补充在下面。

1. 关于文胸的选择，最好是时刻注意型号。我自己的体验是，内衣的型号如果不适合，会很难受，不穿的话又不方便运动，尤其在体育课上跑步的时候。但在发育期，内衣的型号变化可能会很快，因此，这一点最好是和家长商量，然后一起选购面料安全且舒适的内衣。

2. 在例假期间，注意安全和频繁更换卫生用品真的很重要，那样可以保护我们自己的身体。

3. 在刚开始来例假的时候，最好不要运动过度和吃冰冷的食物。我小时候前几次来例假，因为运动过多（在我妈出门的时候我闲着没事跳了一下午的绳），身体不适，而且连着差不多来了十多天例假，远超正常的时间。因为当时年纪很小，这件事导致我好长一段时间都轻微贫血。

让人既新奇又害怕的成长期

伴随着成长的脚步，这些事情我们慢慢会变得习以为常。但无论多么容易习以为常的事情都有新奇的时期，而在这个时期，我们可能会对身上的变化感到害怕、害羞甚至认为很丑陋。事实当然不是这样的，身体的成长是一件好事，也是一件很自然的事情。无论什么时候，接受和爱自己的身体都是爱护自己的第一步，因此，坦率地面对身体变化就好了。如果害怕，可以同老师和家人（最好是同性）商量，过来人的陪伴和经验可以很大程度上帮助我们度过这个充满新奇也夹杂着一丝恐惧的时期。

顺带一提，如果这个时期有人因为你的发育而嘲笑你，你也不必将他们说的话放在心上，自然而然地挺胸抬头，该干什么就干什么。很难说会有什么方法能让这样的声音消失，因为无知或者不懂得尊重他人的人，在世界上任何时间和地点都会存在。唯一能让这样的声音消失的方法不是让别人闭嘴，而是让自己昂首挺胸，不屑一顾，这些声音哪怕听得到，也不会超过蚊子的烦人程度。

虽然"蚊子"也挺烦人的，但我们要理解生态的多样性，哪怕只是人类这个种族内部的"多样性"。

因此，无论你是男生还是女生，在这个身体大幅变化的时期做好准备，不要紧张。去接受陪伴了你十几年、今后还将陪伴你所有年华的身体，去爱护它吧。

CHAPTER 3

情感篇

父母只关心我的成绩怎么办

爸妈永远只关注我的成绩，只有与学习相关的，他们才会嘘寒问暖，日常谈话也总是离不开成绩，对于我的心情或者其他方面永远都是忽略的。这让我承受很多压力，有时我甚至想，我干脆放弃学习，堕落给他们看。难道父母的眼里只有学习成绩吗？

每个人的家庭情况、个人情况都不相同，所以又到熟悉的分情况讨论的时间了。

父母不知道如何正确关心孩子

第一种情况,父母对于"父母"这个职责不是很熟悉,所以,他们实际上也不知道该关心些什么;或者他们虽然知道,但不知如何表达自己的关心。

除关心学习之外,我们的父母其实也非常关心我们的健康和安全,他们会通过关心我们的饮食、出行安全,在我们看不见的地方用行动关心我们。至于对我们的心情,可能会关心得少一点儿,因为对于一部分父母来说,"关心心情"是他们成长中没有获得过的一部分,所以,当他们成为父母后,可能会自然而然忽略了这部分。

当然也有可能他们并没有忽略,但苦于没有技巧或者比较笨拙,不知道如何与我们沟通。而在他们意识到需要沟通之前,因为曾经有一些没能及时沟通造成的误解累积,两代人之间的沟通渠道已经被截断,即使意识到问题,也不知道如何重新建立沟通渠道,只能通过"关心成绩"这一点来间接地表达他们的爱意。

从另一个角度讲,成绩确实是比较重要的部分,因为成绩能够帮我们赢得更多机会，去挑战我们想要的更好的未来。对于父母来说，从成绩这个角度去关心我们，可能是他们已知的最熟悉的沟通方式，也是并没有什么差错的一步棋。

如果是这样的情况，建议你和父母交流一下，去聊聊你在父母不断关心成绩的过程中感受到的压力，去聊聊你其他的事情，去分享一点儿你自己的生活趣事，并问问他们最近的职场生活或者其他琐事。他们关心成绩的行为可能本身就代表他们对你并不缺乏关爱，也时刻挂念着你。因此，在这种情况下，准确地表达出自己的想法，可能会帮助他们更好地理解你并维持和你的沟通渠道。

当然，你可能会觉得他们明明是父母、是大人，为什么要你先做这些事情？

我的想法是，反正都是一家人，如果父母有做得不好或者不妥当的地方，我们也可以在我们做得到的范围内去补足一些，所以，有时也可以由我们主动去沟通、去了解对方。

父母"不敢"关心孩子

第二种情况,父母不知道我们的努力和压力,因此,他们心中不安,只能频频询问。这说明我们在父母面前表现出的努力,可能还不够让他们安心。

举个例子,我在老师面前表现得学习很认真,所以,哪怕我偶尔上课走神,老师也只会问我:是不是心情不好或者身体不好?但如果我平时就表现得很懒散,不认真听讲,老师可能就会直接把我叫去办公室。

因此,有的时候,让父母不要过分关心学习成绩的方法就是真的表现给他们看:我认真学习了,我所付出的努力有成效,我好好安排和计划了我的学习,而剩下的时间我可以玩,因为人是需要休息的。

具体操作的话,除了认认真真学习、稳步提高成绩之外,你还可以用"魔法打败魔法":在父母关心你成绩之前,你先把学习态度和成绩呈现在他们面前。

我差不多就是这个路子。如果考得好,我就直接在父母问之前说"我考得很好";如果考得不好,我就说"这一次考得不好,是×××地方失分了,我之后着重学×××部分的内容"。只要我说得够快，我爸妈就不会再开口问。只要我这个"先手攻击"的流程来上个几次，我爸妈就会把"是不是得关心一下学习成绩"的流程忘掉，等我自觉上报。

等态度出来了，实际成绩出来了，爸妈估计也心安了不少，自然就不会多问。你不一定需要向你父母说你的成绩，你可以说你最近学习的计划安排、你学得好和学得不好的部分、老师的建议和你打算根据建议采取的行动。在这个过程中，你还可以适当询问一些可能需要父母配合的学习流程，比如你可以和父母报备说你打算周六去自习室和同学一起学习。

父母会因为成绩和我们的学习态度感到担忧，而学习态度和我们的努力并不总是会让他们看见的，因为我们在学校已经学了很多，回到家后往往是想休息的时候。正因如此，我们可以主动和父母说说我们学习的目标、计划和现状，让他们知道我们其实是有计划和行动的，只是在家累了，在家人面前松弛一些。当我们主动告诉他们了，他们更有可能安下心来。

最开始，他们可能会加倍参与其中，毕竟好为人师是人的天性。如果他们真的能帮到我们，那就放马过来，总比单单询问成绩却什么援助不给反而徒增压力要好；而如果他们帮不上大忙，他们后面恐怕也不会再多追问。

在此之后，你再和他们聊聊你的兴趣、你的想法、你的心情、你最近看的书和寻的乐子，他们也更容易抱有宽容之心——因为他们知道你在认真学习，也有些成效。他们这份心定下来了，他们反而会担心你学得太累，对你的爱好和心情给予更多关照。

我们没做到自己该做的事情

当然，还有另一种情况：我们对学习的态度可能真的不够端正，也不够努力，也没有正视学习成绩的重要性。

如果是这种情况，虽然父母因为只关心成绩而给我们增加了压力，但我们也确实没有做到自己该做的事情。当双方皆有不足的时候，埋怨对方会让我们觉得好受，但改变不了任何事情。而如果你真的想解决这个问题，解决自己的问题比督促甚至逼迫别人解决他们的问题可要容易太多了。

所以，如果是这种情况，那就去学吧。你父母可能不是不关心你的其他方面，而是来不及关心其他方面，因为成绩这座大山都还压着，没有时间和精力去关心别的。因此，如果你的父母过分关心你的成绩，他们可能是深知成绩的好坏会对你的人生有多大影响，希望帮你悬崖勒马。

如果你把这些全做了，他们还是不关心别的，那你至少能把知识学到手，成绩也提升了，怎么算都赚了。

父母过度关心和控制怎么办

我爸妈总是在安排我,安排我的衣食住行,安排我的未来人生。我不能穿自己想穿的衣服,因为他们觉得不好看;我不能单独出门,因为他们觉得不安全;我不能有自己的兴趣爱好,因为他们觉得会影响学习……很多事情我都没有任何自主权,我感觉自己就像一个提线木偶,被他们操控着。我应该如何摆脱这样的控制和过度的关心?

我们家是散养,但关于过度关心这一点,我最近在反省自己是不是对妹妹的很多事情过度关心或者干涉了:我总是以为她是小朋友,所以常常过分担心,总想提醒这个提醒那个的,但她已经长大不少了。

一部分父母的过分关心和控制可能就是源于此，他们眼中的孩子还没有长大，他们认为孩子还不会挤牙膏，不会收拾房间，不会对自己负责，乃至于不会独立做任何人生决定。

在我们年幼的时候，父母习惯帮我们决定很多事情，这也意味着他们拥有很多控制权。这并没有什么不好，但问题是，随着我们的成长，父母或许并没有完全习惯将权力逐渐归还到我们手上。原本是控制得住的人或事物，当他脱离控制时，无论是好是坏，都会让人对未知的情况感到不安。

当然，不习惯是一方面，想不想交权是另一方面。通常来讲，父母不愿意去适应，不愿意让我们自己做决定，主要有两种情况：一是父母不信任我们的能力，质疑我们是否能够对自己负责任；二是父母渴望我们和他们仍然是过往那般亲密的关系，不希望我们在成长过程中逐渐将我们的爱和关注放在外面的世界。这两种情况或多或少都会出现在每一个还在适应孩子独立期的家长身上。

这个时候，他们可能并没有意识到，我们的自我边界正在形成，我们对事物有自己的看法，需要自己的空间和时间。

简单分析问题之后，我们可以思考一下自己能够做些什么。

当然，请做好长期"作战"的准备，每个家庭的情况会有所不同，但就像我们独立的过渡期很长一样，父母适应我们独立的过渡期也可能很长。

我们首先要做的就是和父母好好协商，告诉他们我们心中所想，告诉他们哪些行为可能会让我们感到难受和被控制。尽可能晓之以理，动之以情，保持平和心态与父母沟通。同时做好心理准备——和父母沟通可能需要长期"作战"。

我们的目标

在这个过程中，你可能需要实现的目标有如下几个：

1. 划分出个人的边界，告诉父母，自己在哪些事情上是可以独立决定的，所需要的个人空间和时间是怎样的。

2. 消除父母的不安和对我们的质疑，向他们证明我们有决心和能力为自己负责。哪怕我们现在的能力与已经成年的父母相比要弱一点儿，但我们会努力慢慢独立起来。

3. 安抚父母的情绪，告诉他们，我们仍然爱着他们，需要他们，独立并不代表不爱他们。有时候达成这一步可以和第二步结合起来，向父母证明自己的能力，不代表不再向父母求助。

值得注意的是，父母的控制并不总是坏事。我们毕竟不够成熟，对许多事情还处在探索阶段。父母介入我们的生活并提供建议，或者在我们失控的时候，帮助我们刹车是很有必要的。因此，以上所有建议其实更针对一些父母过度的控制。不过，即使"父母过分控制我们"，也不应该成为我们伤害他们的借口，我们需要解决的仅仅是当父母对我们的爱偏离了轨道所出现的问题。

不管怎样，协商和沟通会在一定程度上帮助我们解决问题，至少帮助父母开始思考这个问题。但值得一提的是，有时候，父母真的不会觉得他们在控制，而是觉得他们在关爱。我自己在和父母沟通中也意识到，父母和我们处在完全不同的时代，不同的思考方式不可避免地会导致我们之间有矛盾。这些矛盾虽然没有大到让我们感情不好，但也的确带来了很多麻烦和误解。此外，当父母对我们的控制欲十分强烈甚至过火的时候，过分寄希望于父母的改变可能不会有效，反而拘住了我们自己，给自己带来了太多失望和沮丧。有时候是因为我们对父母有太高的期望，才会在没有满足期望时对父母感到愤懑和失望。

因此，我们可以优先考虑自己的成长，并辅以沟通，如果沟通行不通，那再另寻他法。

自己的成长优先于父母的成长

我们毕竟和父母住在同一个屋檐下，他们的语言、行动、语气，他们每天的每一个细节都有可能会对我们造成影响。在这个过程中，如果父母过分地控制，用"爱"和"关心"来绑架我们的思考，并尝试软化和模糊我们的个人边界，我们实际上是很容易受到影响的。

因此，我们最需要做的事情是关心自己的成长。比如，我们可以尝试去了解父母的人生、过往和经历，以及他们的惯性思维和固化思维。明白了父母的哪些思维是固化的，能帮助我们清醒地抵抗父母对我们的影响。我们可以分辨，哪些行为是出自父母的爱，而且对我们是好的；哪些行为是出自父母的控制欲，是我们需要避开或者以打太极的方式来应对的。

我们自己的成长主要体现在能力的成长、心智的成熟上。当父母无法被我们改变的时候，那我们就去改变自己能改变的部分。让自己更成熟和更有能力，能够帮助我们逐渐获得话语权；而让自己心智成熟并且理解父母的固执，能让我们脱离父母的影响并形成完整的自我。

只有我们自己思想和能力都独立了，才能完全保护自己，并同时和父母建立良好的关系。

另外一个我认为很有用的方式，是在物理空间上拉开和父母的距离。当我们生活在一起的时候，我们彼此也一直在相互影响，但如果住得远一些，我们就能够拥有各自独立和适应的时间。大学或者高中住校可能就是一个机会，住校让我们有时间思考自己的生活，父母也有机会适应不带小孩的生活。

只是伴随着我们的独立，父母会逐渐变成"他人"。

在我们成长的过程中，我们缺乏自我，不理解世界，所以，父母拥有一部分我们的"自我"以保护我们。但我们逐渐成长后，这个世界就变成了"我"和"他人"。父母是"他人"中最亲密的一类，很可能会站在"他人"这一类的最顶端，而且我们很爱他们。

因此，在这个过程中，如果可以的话，告诉父母我们的成长，也告诉他们，我们爱他们，他们永远是我们最亲的亲人。

和父母沟通不在一个频道怎么办

我感觉我和父母之间有很大的鸿沟。我觉得很正常的事情，他们不觉得正常；他们觉得理所当然的事情，我也不怎么认同。我们总是很难产生共鸣，也很难在一些事情上意见统一，我感觉永远和他们站在对立的一面。明明是我最亲近的人，却不是和我心意相通的人，想想就挺难受的，我该怎么办？

我前段时间和我妈有一个经典聊天桥段，我笑了很久。

我：我明天得去找 TA 聊天交流一下感情，看看论文。

我妈：TA 是谁？男的女的？你谈恋爱了吗？

我：？

我：Teacher Assistant，助教，简称"TA"。

我妈：？？？

我：？？？

我们与父母之间有不同的价值观和人生，上述的例子是好笑且无伤大雅的，也会有一些不好笑且沉重的例子。我的父母不总是赞同我的决定和想法，我也不总是认可他们。

放下期待，了解问题所在

我并不因为不被父母理解而难受，我本身就不期望被人完全理解，因为期待他人完全理解自己是一件不可能的事，也是一件轻视自己的经历和底蕴的事情。

就像你不能完全理解你的父母一样，你的父母也不能完全理解你。

这是一件很正常的事情，不光在家庭关系中如此，在爱情、友情关系中也是如此。能完全理解和认同自己的，有且只有你自己。

尽管如此，也有人跟父母关系很好，步调一致，互相做彼此最坚强的后盾。我们对这样的关系保持向往，抱有感激，但唯独不能要求父母成为这样的人，成为我们的灵魂伴侣。

幸运的是，我们虽然不能完全认同彼此，但可以了解彼此。

如果你认为自己和父母无法沟通，常常不在一个频道，如果你认为自己不被认同，或许是因为你们不够了解彼此。

遇到事情时，为什么要这么做？发生了什么事情让你想要这么做？你有什么准备？你有什么计划？你的内心是否真的有一股热情支撑着你去选择这一条路，还是你只在犹豫之中随机地选择？和父母聊聊，让他们理解你。然后，你也问问他们，为什么不认同你？为什么阻拦你？是什么因素让他们阻拦你？他们经历了什么让他们否定你的选择？你也得尝试着理解他们。

可能我们很多时候不会对父母敞开心扉。因为我们默认他们应该懂，应该认同。我们以为父母和我们距离最近，理应知道这些事情，理应认同我们的选择。不是的，亲近的人常常会默认最懂对方，有些真正重要的事情就从未问出口。了解不完全取决于相处的时间，也取决于沟通的频次和坦诚程度。因此，放下你对父母过高的期待，坦率一些，和他们说说你究竟是怎么想的，情况可能会好一些。

当然，即便双方坐在一起敞开心扉沟通了，也不一定能得到认同，甚至得不到认同的情况才是常态，因为我们之间确确实实存在差异。但是通过相互了解，可以改变很多事情，比如父母知道你真正想要的是什么，你知道父母真真切切在关心你。意见和想法的不同，会引起争吵和疏远；但关于彼此的了解，无论何时都会把你们再次联系起来。争吵不休，但还是会坐在一桌吃饭；微信里阴阳怪气，但出门时还是会带上对方所需的物品。经常坐在一起听听歌、聊聊天，或者给彼此一个拥抱，分享认为有趣的事情，不需要完全认同，只要些许的理解和坦诚的沟通，就能拉近彼此的距离。

别预想你的父母会懂你，别期待你的父母会了解一切，坐在一起，去沟通吧。

"被认同"是一件珍稀品

这并不是说你不需要被认同。被认同是一件好事，但也是一件高级且珍贵的事情。它是珍稀品。它需要你的努力，需要你的坚持，也需要你用自己的信念感染他人。因此，当你得到了父母或者他人的认同，请珍惜和感激它。

当我们意识到认同是一件需要努力才能获得的珍稀品后，有一个关键的问题来了：我们为什么要对自己的父母有如此高的要求，哪怕高要求只会让我们彼此难受，让我们彼此距离更远？

所以，越是距离近的人，或许越应该互相宽容，在理解和认同上彼此放低标准。接下来，在此之上的所有认同和理解都会变成一件值得感恩的事情，变成一种关系中的正面反馈，让人感到幸福无比。相反，对身边的人要求越高，结果可能越难受。因此，与其要求父母对自己认同，倒不如降低对父母的要求，这样反而会过得快乐很多。父母子女之间如果能了解和理解对方就已经相当难得了，认同只是锦上添花。

比较有意思的是，如果你只是想着了解彼此，而非认同彼此，聊天时的感觉也会好很多，和父母聊天将不会是一件痛苦的事情。珍稀而高级的认同，反倒可能悄无声息地意外到来。

不想有弟弟妹妹怎么办

我爸妈想要二胎。一想到未来生活里，我会有个弟弟/妹妹，而这个弟弟/妹妹会分走家人对我的爱，我也要成为父母口中那个大孩子，要忍让，要去照顾弟弟/妹妹，我就很害怕。我害怕这个未来的家庭成员会让我的生活发生变化而无法适应，害怕我会因此而缺爱，我该怎么办？

我有个妹妹，天天问我什么时候给她找个姐夫，我的血压已经上来了。

当然，我还是很爱她。

现在三胎政策开放了，很多家庭都在考虑要不要给大儿子、大女儿生一个弟弟/妹妹。如果你的父母正在考虑,你可以和他们沟通、交流你的担忧。你的那些担忧都是正常的需求,坦然地表达或许会得到意想不到的结果。无论最后你会不会多一个弟弟/妹妹,他们都会更大概率地正视你的需求。

而如果你已经有一个弟弟/妹妹了,但你还没有准备好的话,可以看看这篇文章。

为什么会担心缺爱

父母的时间、精力都是有限的,你会失去他们的一部分关注,失去他们的一部分陪伴,很多时候你不再是特殊的,因为你和弟弟/妹妹一样,都是子女,无论从哪个角度来说,都不应该说谁更特殊。和父母坦诚地表达这份担忧,甚至在成长的过程中,你需要多次和父母聊及这个话题。

这听上去很麻烦、很痛苦,但只要沟通到位,父母就能够及时意识到你的感受,且双方一起做出行动,彼此理解,你就不会认为自己缺爱。

因为你没必要认为自己缺爱。只要你付出同等的爱，你还会获得一份新的爱。你的弟弟/妹妹会爱你，虽然不是以一种我们熟悉的、长辈对小辈的方式，但他/她也会逐渐对你表达爱意。

一个学会主动爱他人的机会

"爱"的另一个重要部分，就是表达和付出自己的爱。作为子女，我们更多是作为被爱的一方，被动地接受了父母的爱。我们或许知道如何回馈，但那份回馈似乎无法和他们所付出的对等。

我们好像要花很长时间才能学会主动表达爱，主动付出爱，主动以一种违背生物本能的利己冲动去爱我们的父母。我们将父母的爱理解为他们的付出和陪伴，因此，当这些事情由于当事人的忙碌而减少时，我们就会认为自己不被爱。

因为我们始终处于被动状态，被动地被爱，被动地被付出，被动地被陪伴，我们好像缺少一个机会学会主动去爱，主动去付出以及陪伴。当父母难受时陪伴和理解他们，当父母劳累时帮忙做些小事，当父母需要倾诉时倾听一下他们的心声,这些我们做到了吗?哪怕只是一句真诚的肯定或一句表达爱意的话,我们似乎都只会在一年一度的父亲节、母亲节里表达。至少,在我已知的社交关系中,我很少听到有人会直白且频繁地告诉父母——我爱你。

我们始终被动,因而我们认为自己缺爱。我们在这段关系中处于弱势,因而对方收回一点东西我们都很敏感。

但现在有一个机会教你学会主动去爱人。你的弟弟/妹妹来了,他们需要你保护,需要你教导,需要你陪伴,他们生来就面临着父母被分散的注意力,他们生来就和你竞争父母的爱,但只要你爱他们,关心他们,尝试去发现他们可爱且厉害的地方,那么,你会发现你的弟弟/妹妹也会给你一份相同的爱。你们可以沟通,可以共享,可以互相支撑。你与你的弟弟/妹妹之间,有很大概率将会是你第一次体验平等,甚至你占优势的爱。

如果你愿意尝试,你可能因此真的会学会如何去爱人。你也许能够学会像爱自己的兄弟姐妹一样去爱父母。无论父母、你,还是你的兄弟姐妹,都被生活裹挟着往前走，都会偶尔力不从心。在父母为你付出、撑起保护伞的时候，你也应该学会为他们撑起一把小小的伞。在那个时候，许多以前不敢和父母说的话，都能有勇气表达出来了。

因为你在爱对方，而对方也会回应你，所以你不会觉得缺爱。你会偶尔觉得寂寞，但更多时候会获得美好时光。弟弟/妹妹的到来是你的一次学习机会，也是一份属于你的纯粹的爱。

而这一切都取决于你。恐惧也好，害怕也好，担心也好，你能否战胜这一切去爱你的弟弟/妹妹？如果你可以，那么你也会得到与付出相匹配的爱，甚至更多。

其实我们缺的不是爱，而是陪伴。爱和陪伴并非同一回事，失去一部分陪伴或许会让人感到孤单，但你仍然被爱，而且这个世界上多了一个人爱你。

不会控制情绪、容易吵架怎么办

> 我不太能控制住自己的情绪，之前一些朋友就因为这个问题和我闹翻了，慢慢地没有人愿意靠近我了。我其实也知道自己这样不对，会伤害别人，可我就是控制不住。我该如何让自己更平和，待人宽厚些呢？

在个人情绪易躁、易怒这一点上，在我们谈及精神和心理上的原因之前，我们可以先谈一谈生理上的问题。

作为心理学专业的学生，我能想到这一点主要是我朋友给我的灵感。她说她有段时间特别容易生气，正好又去看了一下中医，中医说她肝火太旺，给她开药调理了一下。她的反馈是效果特别好，等身体调理过来后，她就没那么容易生气了。

事实上，我们的身体情况和情绪状况是相关的。如果你昨晚熬夜没好好睡，早上为了清醒喝了几杯咖啡，也没有好好注意健康的饮食，这样来来回回折腾几天，你大概率也不会像平时一样好脾气。有时候，养成好脾气很简单：好好睡觉，好好饮食，好好运动。

因此，如果出现脾气变差的情况，除了自我心理成长的因素，也可能有身体上的因素。我推荐去找医生全面检查一下身体。

关于解决脾气大、易与人吵架的问题，首先，脾气大一点儿、容易有情绪，这件事本身并不会直接导致我们与人吵架。每个人都会有情绪，但每个人表达情绪，尤其是表达负面情绪的方式并不一样。引起争吵，与其说是因为我们的脾气大，不如说是因为我们错误地表达了自己的负面情绪。因此，在心理调节上，我们需要分两部分来讲：一是如何正确认知我们的情绪，并将情绪控制在安全范围之内；二是如何正确表达或宣泄负面情绪，以防引发纷争。

如何正确认知情绪

关于正确认知情绪这一点，其实很简单：当你感到生气、难过、郁闷等负面情绪时，你可以多问自己几个为什么。我现在是在生气吗？我生气是因为朋友迟到了？他迟到让我生气是因为我联系不上他而担心他，还是因为我在这里站着太热、太累、太傻了？明确我们的情绪和情绪的具体来源，会帮我们变得清醒。

举个例子，如果我们不问自己为什么生气的话，可能会变成下面这样：

我站在路口，朋友迟到30分钟了，好烦！我联系不上人，又不敢走开，怕错过与他见面，可这天气太热了。我生气了。我想，朋友压根儿就不在乎我们的相聚。天气这么热，我买了一支冰激凌，结果化了，手上特别黏，烦死了……

当我们不知道自己的情绪是什么，也不知道它源于什么的时候，情绪本身会给我们一个滤镜，通过滤镜，我们看到的一切都可能变成情绪的燃料。只需要一支化掉的冰激凌就足够点燃我们的情绪了。假设我知道自己是因为等的时候天气很热而生气，那么我仍然有可能去买冰激凌，但冰激凌化了黏不黏手和朋友还没来并无直接关系，因此，我不会因冰激凌而心生烦躁，更不会怪到朋友身上。我当然可以对朋友迟到这件事有情绪，但我知道自己只是对这一件事生气，其他事情没惹到我，因此，我也更不容易积累过多的负面情绪而导致争吵。

因此，你可以开始询问自己为什么会生气。如果在负面情境中你一时情绪冲动、打不起精神来分析，那么等你晚上回家不生气后，再复盘自己白天为什么生气，明白那些让你生气的东西其实与你真正关心并为之生气的原因没什么关系，这样的分析可以帮我们知道哪些事情是没必要生气的。

怎样发脾气不容易吵架

如何表达负面情绪，可能会决定接下来是一场争吵还是一段欢乐时光。这里我们仍以朋友迟到为例，列举几种表达方式：

1. 你怎么迟到这么久？没有时间观念。

2. 我提前半小时就到了，你怎么才来？

3. 我这么早就到了,你是不是压根儿就不在乎我们这次见面?

这几种表达方式各有各的问题,我们来具体分析一下。

1. 我们不能贴标签式地批判他人。举个例子,这就像玩了一会儿被说成"懒惰",起晚了被批评"不自律"。迟到可能会有具体的原因,因此,我们不能直接给对方贴一个负面的标签(例子中的"没有时间观念")。别人可能是因为有事耽搁了,我们一下子给人家扣一顶大帽子,然后开始占据道德高地谴责对方,谁听了心里都不舒服,也自然容易引起争吵。因此,比起"你没有时间观念/怎么这么不自律/懒惰"一类的话,你可以直接询问对方"你为什么迟到了呢/为什么起这么晚",就事论事,不上升到人身攻击。

2. 不要轻易与别人对比,也不要轻易拿别人和自己对比。我们不知道别人的情况,轻易去对比并批判别人,其实是一种挑衅行为。

3. 不要发散思维,不要妄自推测,先问问对方迟到的原因。

有时候，其实我们生气并不是因为别人做错了什么，而是因为我们认为别人做错了什么。如果是这样，我们也可以回到第一步，再进一步拷问自己，这件事情我真的需要为它生气吗？

如果需要的话，该生气的时候还是可以生气的。

毕竟我们只是想做一个不轻易动怒的正常人，不是想做老好人。

我和朋友吵架了，要怎么和好呢

和关系要好的朋友吵架了，吵架之后互不搭理的状态让人完全不习惯。我不知道该如何让关系恢复正常，担心对方已经彻底不想和我做朋友了，而我还在这里自作多情。我真的想和对方像以前那样友好交往，该怎么做呢？

通常有两种极端的情况：第一种是双方都想和好，然后一个眼神就和好了；第二种是谁也不肯先道歉，那就是漫长的等待，最后要么双方再无往日亲密，要么和好后彼此都觉得对方很糟糕。

当然，还有一些不那么极端的情况，所以我们直接开始分类讨论。

首先声明的是，本文只适用于那些只有小矛盾且不涉及任何原则性问题的朋友。人与人之间有摩擦和矛盾很正常，但有的矛盾代表这个人本身对我们的不尊重或彼此三观不同，如果是这种情况，你可以酌情考虑是否要放弃这份友情，而不是只有握手言和才叫好结局。如果对方是你想要珍惜的朋友，那么就努力去和好吧。

双向奔赴

如果你们双方都想和好，这种情况下，只要双方的情商正常，不要再次吵架，更不要火上浇油，那再次和好、亲近起来是自然而然的事情。

和好的契机可能是一个笑话、一杯为对方买的奶茶、一句关心的话。这得看你们自己的相处方式。因此，你自己把控就好了。

有技巧的真诚才是"必杀技"

如果你想和好但不清楚对方想法，这种情况下，就需要我们更主动一点儿。具体的道歉方式会因为吵架的缘由、两人的相处模式、环境的紧迫性等要素不同而有所区别。本质上，唯一万能的方法就是表达我们的诚意：我真心想跟你和好，不想跟你吵了。

如果能传达这一层意思，问题就解决了大半，剩下的就是两个人合力解决实际的问题了。

这里我也分享一些我自己觉得有用的方法。

1. 主动发起沟通，靠近对方。和对方见面时先打招呼，问问他的近况。如果没有见面的机会，可以给对方发消息，拉他出去一起散散步、吃顿饭。具体的接近机会看你和你朋友的相处方式。

2. 如果和朋友吵架是你自己的错，比如说错了话或者做错了事，不要犟，不要去想对方也有错误，而应主动道歉。即便是朋友真的做错了，这和我们是否需要对自己做错或说错的事情道歉并没有关系，并不是说要两人之间错误更多的人先道歉或者负全责。无论是你还是你的朋友，如果被推到所谓"先道歉就是负全责"的位置上，多少心里都会不舒服，以后也更难相处。因此，主动道歉，就事论事，说说自己哪里做得不好、哪句话没过脑子不该说，反正，诚恳道歉就没错。

道歉除了让对方感到你的真诚之外，还有一个好处是，道歉通常可以结束一件事情，也就是说让你们之前吵架的那件事翻篇了。哪怕吵架确实伤到了感情，一时之间和朋友还没有恢复如初，道歉也可以让双方不要因这件事情而互生嫌隙，至于感情，以后还有时间可以继续培养。

3. 如果你认为错误主要在对方，那就将自己的姿态稍微放低一点，去想想对方为什么会生气。

说白了这就是换位思考，然后多包容对方。如果实在拉不下脸来道歉，那至少也要为吵架时说的那些气话而有所表示，等你能拉下脸的时候再道歉吧。如果主要错在对方，我们也可以主动给对方一个台阶下。回到前面两步，我们一方面可以主动接近对方，增加沟通机会，另一方面可以为自己的错误道歉。总之，给对方一个台阶下，并包容对方的错误。

朋友就是这么互相包容、互相递"台阶"过来的。时间久了，感情深了，错误也不像是错误，递"台阶"也像是默契的游戏了。

实际上，吵架是朋友之间增进了解的机会，因为不吵架,许多话可能不会说出来。但吵架永远只是契机,很少能有人能从吵架中获得好处。只有吵架吵完了,问题摆在明面上,吵架后的沟通和互相理解才是真正拉近朋友关系的机会。

CHAPTER 4

社交篇

性格内向害怕社交，但又渴望朋友怎么办

> 我是一个性格内向的人，比较害怕跟人打交道，但又常常因为没有朋友而感到孤独，甚至有点儿自卑。我羡慕那些有很多朋友的人，他们的生活过得精彩有趣。我也想有朋友，可是又怕自己做不到，我该怎么办呢？

性格其实是中性的，外向或内向没有优劣之分，都有各自的优势和局限性。

内向的性格或许会使你更敏感、更能够集中注意力并享受独处，也能帮你更好地察觉他人的情绪或要求。因此，你不用为此感到自卑。决定你的社交范围和质量

的，主要是你的社交能力，而社交能力是可以锻炼的。

因此，请不要因为自己的内向而对社交感到害怕。

不过，真的鼓起勇气去开启一段社交和对话，的确不是一件容易的事。这里，我将尽我所能，从心理学方面提供一些理论结合实际应用的想法，希望对你有所帮助。

多找见面机会+多真诚夸奖

如果你有想结交的朋友，可以尝试增加你们相处的机会。

通俗来讲就是多"露脸"。心理学中有所谓的曝光效应，指人们会更倾向于喜欢他们经常接触到的人或事。简单来讲，露脸越多，越有可能让对方对你增加好感。如果你一时间不知道如何开口和交朋友，可以尝试跟对方多一些接触，比如小组作业一起做，做清洁的时候帮帮忙等。你可以从小事一点点做起，增加接触机会来建立关系。

如果不知道如何开启一段对话，你可以从夸奖对方开始。

夸奖他人最好是夸奖一件具体的事情。比如，你可以说起对方最近挺棒的行为（考试分数、班级组织活动、课下打球之类的）。夸奖的事情不一定是非常大的，一些细节也可以。这样小的夸奖和及时的反馈能让对方有满足感并被激励到，大多数情况下，对方也会因此更乐意与你继续对话。夸奖的好处还在于，这样能够表达出你对对方的喜爱或者正面态度。心理学上，人们有一种被称为"reciprocal liking"（相互喜欢）的效应——我们会更容易喜欢上那些喜欢我们的人。

因此，利用一句夸奖的话来表达你对对方的善意，是一种安全有效的开启对话和社交的方式。一方面，你能够给人一个好印象；另一方面，你和对方如果建立起了这种互相的好感，对方也更乐意与你多交流。

好的第一印象和补救刷新的"第一印象"

第一印象很重要。

这是老生常谈的话题了，因为人们对他人的第一印象会对之后的所有印象造成影响,形成一种先入为主的印象,这在心理学中也被称为"首因效应"。因此,如果想在一个新环境里给他人留下好印象,那就要好好准备,比如,注意穿着整洁,跟人打招呼也遵守礼仪等,好的第一印象或许会帮助你后面更好地和他人打好关系。

那么,如果第一印象不好怎么办呢?

这就是所谓的"近因效应":当多个刺激同时或在相近的时间段里接连出现时,人们会更容易记住最后一个刺激。通俗来讲就是,如果你在第一次见面时给人留下的第一印象并不好,那最好尽快做一件能给人带来好印象的事情,以覆盖之前的印象,这能让人在之后想起你时,更容易想起你做的"好印象"的事情。

举一个我自己的例子。有一次上课,因为紧张,我把一个简单的问题回答得很愚蠢。于是,下课后我第一时间去找教授询问了新的问题(在上课期间稍微准备了一下),并询问教授是否有推荐的学习资料,教授对我的印象就能在一定程度上刷新成"能问出不错的问题,且理解很快,还算好学主动的学生"。在此之后,教授对我的态度都挺不错的,甚至偶尔会主动和我唠家常。

因此，如果你发现自己在某件事情上给人留下的印象不好，应该尽快去创造一个"新事件"来"刷新"一下。方式可以是跟对方谈话，也可以是帮对方一个忙，还可以是倾听对方或者表达自己。具体可以根据当时的场景而定，请不要吝啬于表达自己——社交并不只是我们主动去找别人开启对话，对话永远是双向的，因此，表达自己并给人留下好印象，能让你的社交变得更顺利。

内向者的优势：倾听

我们总是习惯于将注意力集中在自己身上，这对社交来说是不利的因素。不过，我们可以尽力保持对他人的好奇心，询问并记住对方的名字、生日等关键信息，并在开启对话后倾听对方。如果你是一个内向且害怕社交的人，那你很有可能同时也是一个敏感、擅长理解和自我思考的人，也正因如此，你可以发挥出内向的优点，成为一个优秀的倾听者。

倾听者本质上是十分优秀的对话者，因此，如果你因为所谓"内向"而感到害怕社交，你也可以先从自身优势出发，尝试"倾听者"这一条路。

是广交朋友，还是只交几个知心朋友好呢

班里有些社交达人，我觉得他们真的好酷，在每个班都有好多熟人。当我和班上的社交达人玩到一起后，也认识了很多其他班的同学，可是人家压根儿没有把我当多重要的朋友，我的成绩却因为忙于社交而下滑了。请问是该广交朋友呢，还是只交几个知心朋友就可以了？

简单来讲，这两种情况都行，看你自己的选择了。

有的人是通过社交获取能量，能够快速通过社交缓解疲惫并找回状态，而有的人是需要通过独处和自我世界来

恢复能量，大量的社交反而会让他们消耗能量。我自己就是第二种。我喜欢和几个亲近的朋友接触，喜欢自己独处，这让我觉得很安心、很舒适。当我需要走出舒适圈去大量社交的时候，那又是另外一件事，那个时候我会很努力，将其当成工作一样认真维持社交和扩展交际圈。

但如果要我推荐的话，我还是会建议你广交朋友。

在你有余力的情况下，可以尝试多认识一些朋友，和不同的人相处会有不同的感觉和体验，这会很有意思。但如果你周围的朋友类型比较单一，可以在广交朋友后，慢慢从中找到几个你相处得最舒服或者你最想要与之深交的人，逐渐发展成为知心朋友。

那么问题就在于执行了。

别让交朋友变得很累

首先，在广交朋友的过程中，内向的人或许会因为不习惯的社交模式而消耗自己，因此陷入不爱交朋友的循环里，那么怎样才能确保社交不过分消耗自己，不影响自己生活的其他方面呢？

简单来讲就是，优先考虑自己。你要做的事情有哪些？你需要多少时间休息？哪些时间是你需要花在对你来说比较重要的人身上的（比如家人或者重要的朋友）？先考虑好这些，然后告诉自己，跟一面之缘的朋友比起来，自己和自己在意的人和事更加重要，要优先花时间在这些人和事上面。

除此之外，知道这些事情还有一个好处，那就是你拥有底气去拒绝一些对你来说不必要或者在当时并不合适的社交。很多时候我们被不必要的社交带着跑，是因为我们认为自己"闲"或者"好像没什么事情可以干"，但仔细想想，可以干的事情还是有很多的，比如集中注意力认真学习、和重要的社交对象联络感情、发展新兴趣、研究新技能等。而当你知道自己有很多事情要做时，那些可能会消耗自己且会让你觉得疲惫的社交活动，是可以坦然地回绝的，只要告诉对方自己有安排就好了，大部分人都不会追根究底。

谁才是我的知心好朋友

当你认识了一些人时，由于时间和精力有限，又该如何从中筛选出你认为可以成为你知心朋友的对象呢?

说实话,这一步看运气。有些人很好,但与你交集很少,因此,除非一方或者双方主动,否则很难成为特别好的朋友。这主要是因为大家都很忙,都有自己的生活。因此,在日常生活中,你的知心朋友更有可能是与你交集多的身边人,他们可能会和你有些不一样,但基本上是可以让你与之待在一起不会觉得难受的,所谓"相处不累"。

此外,跟朋友有一些差异也是一件很有意思的事情。因此,在寻找知心朋友的过程中,也应尽可能对大部分人抱有开放的心态。你会发现,有些你曾经觉得有点怪的人,实际上是相当有趣且不错的朋友。

交朋友不等于当"冤种"

需要提醒的是,广交朋友要注意保护好自己的财产安全、人身安全和信息安全。有时我们十分渴望一段高质量的友好关系,也因此容易在期待中不断降低底线。

社交达人看起来确实很潇洒,但在广交朋友的过程中,我们可能会遇到两个问题:一是朋友质量良莠不齐；二是交流时间很短，无法真正了解对方。

大多数时候，我们很难通过吃几顿饭、外出游玩几次就能看透一个人的品性。在这种情况下，要提醒的是，一定要好好保护自己，特别是在确认对方的为人之前，不能轻易透露自己及家人的身份信息和财产信息，留一个心眼总是好事。

如果有人要求你给对方担保或者帮一些有点过界的忙（比如金额较大的借款或者提供身份信息注册），就更要擦亮眼睛了，千万不要直接应承，尤其是在对方失联一段时间后突然出现的情况下。在自己判断不出来对方是什么意图的情况下，可以告诉对方，说这不是帮你复习或者辅导作业的小事，需要和家长或者长辈商讨。

不想社交，喜欢一个人独来独往，这是正常的吗

我好像天生不喜欢社交，在人际关系里要考虑这个考虑那个的，特别累，反而是自己一个人待着时会觉得特别轻松。可是，我这样又常常被别人当作"怪人"，或者被贴上"不合群"的标签。可我觉得我是真的不适合社交，怎么办？

要不要选择社交是每个人的自由，你可以选择不社交的生活，但有了它你会过得更好——你的世界会更开阔，更丰富多彩，你能在和他人相处中为他人创造价值，也能在沮丧时得到他人的援助。

问题是，你是完全不喜欢社交呢，还是只单纯地还没找到自己喜欢的社交方式和对象？

回答这个问题其实很重要。如果是前一种答案，那么，哪怕你遇到了可能的好朋友，也会把他推远；而后一种答案意味着，你仍然保持着对社交的需求，不会在未来好友靠近时过分抗拒地把人推走。所以，如果你还没有答案，请闭上眼睛好好思考一分钟，然后再睁开眼睛，继续看下去。

你有答案了吗？

无论是哪一种答案，原因或许清晰一些了。可能是你习惯于一个人独处，始终没有找到机会社交；可能是以前在社交中有过不好的体验；也有可能是身边的环境让你感到格格不入而缺乏社交。通常来说，不是因为你完全不喜欢社交，而是因为你对现在的社交感到有缺憾，毕竟只有极少部分人会对社交大彻大悟而完全远离。

我之所以说有这么一部分人，是因为虽然我没有见过，但不能否认其存在。人类作为一种群体生物，习惯于通过他人获得反馈，习惯于彼此依存，彼此帮助着存活。至于什么人才算是讨厌社交的，这里有一个条件，他们仍然需要经历过各种各样的社交，最后发现这些都不是他们需要的，才能算作真的对社交毫无兴趣的人。

这些人属于极少数，不在本书讨论范围之内。因此，让我们将这篇文章建立在你并非讨厌社交，而是没有找到你喜欢的社交方式或者社交对象的假设之上吧。

孤独是我和我的社交

这里我必须声明的是，独来独往没什么不好。

独来独往只能说是一个人对于自身社交需求小或者尚未找到合适的同伴/社交方式。它是一种值得尊重的生存方式，因此，你可以选择这样的方式。我写这一篇文章并不批判"独行侠"，也不会强迫你去社交，只是希望你能对社交抱有客观的态度，不讨厌，不抗拒，可以接受，乐意接受。

毕竟如果要说"独行侠"的话，很多时候我也是。我喜欢自己鼓捣东西，喜欢自己出门遛弯，喜欢独处。但我也不讨厌社交，不会将朋友推走，可以保持着"独行侠"生活方式的同时，也保持着适当的社交。其中的关键点就在于，我会因为社交很累而需要独处来恢复能量，但不会说讨厌社交，我最多说："上周末的派对太吵了，且没有什么意义，我不喜欢这次社交，会在下一次选择更好的。"正因如此，当社交活动送上门来时，我能坦然接受，然后尽可能享受它。

独来独往不等于不社交

我觉得，你可以偶尔不想社交，因为人会累，但希望你不要讨厌社交。因为一旦这么想，当真正的良师益友找上门的时候，你也会将人推走。而在大家都还是陌生人的情况下，一旦你表达了你想要独处的信号，很少有人能觍着脸继续找上门来。如果因为自己对目前的社交情况感到疲惫或不满，错误地得出了自己不想社交的结论，可能会让自己变得长满刺，导致本来可以接近的、重要的人远离自己。

如果你错误地认为自己厌恶社交，以偏概全地对所有的社交都抱有警惕心理，你会成为一个被动的"独行侠"。你以为是你主动选择的独处，实际上是你的态度让周围所有人远离了你。因此,你被动地失去了一些社交机会,成为"独行侠"。主动选择的"独行侠"生活和无意识间被迫的"独行侠"生活是不一样的,前者能获得安宁,我很喜欢而且推荐你去享受这种生活方式,但后者只会让愤世嫉俗的情绪逐渐发酵。

因此,如果你认为自己讨厌社交,想要独来独往,我会建议你先冷静下来,然后尝试从新的社交圈开始寻找新的社交对象。这并不代表你必须舍弃独来独往的生活习惯,但这能让你慢慢找到自己喜欢的社交方式,将与外界沟通的窗户打开。或者你可以尝试对周围的人稍微放松些警惕,他们当中可能也有人是你潜在的朋友,只是曾经被你"想要独处"的信号赶走了而已。

这个世界上有那么多人和社交方式,你肯定能找到你喜欢的那一种。

但不能因为你只接触了几种社交方式,就规避所有社交。当它们来敲门的时候,停一停,给一个机会,别把你的门关得太紧。

感觉自己在哪里都格格不入怎么办

无论是在学校的活动中，还是在朋友组的局里，或者是生活中的大部分场合里，我都感觉自己没什么参与感，像是个透明人一样。我做了很多努力，但真的是融入不了呀！我该怎么办呢？

别担心，虽然你觉得自己与他人的孤独无法共情共通，但天下的孤独，归根结底是同一种孤独。在人类共通的情感基础上，共鸣和融入比比皆是。

与新环境的格格不入

偶尔，我们感到自己是局外人，或许只是因为那是一个全新的环境。

记得我第一次出国读书，刚好 16 岁，初到陌生的国度，独自去租自行车、买生活用品，忙碌了一整天，看到周围的人都有家长陪同，有些心酸。最后，所有的情绪累积在当晚的新生小派对后爆发了，高频率且快速的社交让我感到惶恐，每个人都笑着，但我没办法笑出来，而且感觉自己很难融入其中。

那个晚上我没忍住，在室友出门的时候悄悄哭了。后来我花了些时间慢慢跟上节奏，在第一个晚上情绪发泄后也迅速调整了状态。

再后来，我就过得挺快乐了，也并没觉得自己在这个环境中是个彻头彻尾的局外人。如果这也是你面临的情况，那就慢慢适应，发泄情绪后慢慢来，适当寻求帮助。主动去建立联系的过程中不要忘记，"格格不入"只是我们的感受。我们或许会适应环境，也有可能摆脱它前往下一段生活。无法融入是一个阶段的孤独，也是新世界展开时无法避免的恐惧，去享受这个过程就好。

在熟人间的透明人

有时候，问题不在于我们是否和周围的人熟悉，是否来自同一种文化，而在于与亲近的人之间的交流。聊着聊着，你也许就突然发现自己似乎并不合群，或者不认同他们的一些想法，或者他们不认同你的一些想法。久而久之，我们会缺乏一种"被看到、被认可"的安全感，于是会惶恐，会担心自己的声音没有回应。

一般"局外人"分为两种情况：一是被动选择与他人拉开距离，二是主动选择与他人拉开距离。如果是被动与他人拉开距离，也就是常说的被孤立，可以反思一下自己在社交上是否有一些细节没有做好，思考一下为什么和怎么做。细分的话，这包括很多不同的情况，问题可能不在于自己，也可能是孤立自己的那个集体有问题。如果你做了很多尝试都没有收获，或许这并不适合你的群体。

那如果我们是自己在不知不觉中和他人拉开了距离呢？

这不一定是坏事，得取决于你对孤独的享受程度。因为做个局外人是有益处的，这能够让人清醒地探索自己的想法。因为越是在局中，越容易被集体情绪影响，从而做出不符合自己本心的判断和行为。

大家可能共享一些"局"，但他有他的"局"，你有你的"局"。对于那些普通朋友，做他的"局"外人就已足够，真正值得你随之改变的人其实很少。人这一生，光是听清自己想做什么，并付诸行动都来不及。

在你的人生里，你是唯一的主角，其他任何角色都不该喧宾夺主。哪怕是你愿意为之牺牲一部分自我的人、集体或者信念，那也应该由你自己来做决定。随波逐流并非坏事，重要的是你是否清醒地意识到自己正在随波逐流，并且认可这种行为，而非昏头昏脑地被人群裹挟。

融入团体

最关键的问题是，我们该如何定义融入？怎样才算融入？群体和自我之间的界限在哪里？我们对群体的期待又是什么？

有时候，我们担心自己不能融入，不是因为那个群体是最好的，而是担心自己是一个"怪孩子"。因为我们会认为被孤立的孩子看上去很怪，但其实我们只要享受自己的生活就好。"怪"是一种需要时间证明的魅力，只有在人长大且豁达一些后才能更好地感知，而年幼时我们更想要合群。长大后，我们认识到大部分人都是普通的，反而是曾经"古怪"的孩子有着独特的魅力，熠熠生辉。如果你现在苦于没人和你共鸣，没关系，你需要耐心等一等。因为共鸣和认同是稀有品，值得等待；也因为只有时间才能塑造你独特的魅力和人生。

也有这样的情况，我们对群体期待过高，希望所有人都能一心同体，希望自己能热忱地感受群体的所有喜怒哀乐。你认可群体，而群体也认可你。但群体真正的意义或许并非"大通铺"，而是一个住得很近的"小区"：你们不睡一张床，再亲近、再热闹的群体，每个人住的也是单间。因此，你或许已经融入了某个环境，只是你拥有更高的期待，而群体无法把"小区"里的每面墙都拆掉，和你一起睡"大通铺"而已。

请心怀期待，继续尝试吧。哪怕你们每个人都住单间，也能时常串门举办社区活动，只要你不把"我融入不了群体"的标牌放在门口，不把房间住成监狱单间就可以了。

最后有一点可能会有点得罪人，大家姑妄听之。

有时候我们不能因为自认是局外人，就沉湎于"世人皆醉我独醒"的优越感中。有的人想了很多，但他们不说；有的人清醒且独立，但选择躬身入世。

所以，成为局外人、与他人不同，并不总是代表孤独，也并不是就不能和他人好好相处。相反，越是内心理智清醒，越能与人好好相处。

最后，愿我们都能保持"局外人"的清醒，独而不孤。

被别人过度开玩笑怎么办

我们班有几个同学爱拿我开玩笑，每次开我玩笑，就会有更多的人跟着起哄。他们可能不觉得有什么，但我心里挺难受的。所以，每当这个时候我都想反驳，甚至想与他们争执，可又担心他们说我开不起玩笑，怕被疏离，就不得不强颜欢笑，装作没事人的样子。朋友、同学间经常这样开玩笑是正常的吗？我该如何避免这样的事情再次发生呢？

开玩笑得就事论事，有的玩笑能开，有的玩笑是真的不好笑（比如个子矮小、雀斑等身体缺陷或无法改变的缺点）。这取决于玩笑的内容，以及你和你朋友们的亲疏程度。

所以，咱们来分类讨论。

不严重，但可能越想越气

有时候，对方开的玩笑并没有针对你，也只是纯粹的打趣，程度不严重。

这样的玩笑可能就不需要过分在意。不过，如果你仍然因为这个玩笑感到被冒犯或者很不舒服，那可以根据情况自行判断是要一笑而过，还是私下和对方沟通。最好不要当着众人直接说，因为对方很可能是无心之举，如果你太过严肃地向对方反馈，甚至公开对质，很容易让对方也生气，引发无谓的争执。

不过，如果你选择一笑而过，但心里确实不舒服的话，那不妨利用这个机会做一个自我反思。简单来讲，如果是一个程度不严重的玩笑，那让我们感到不舒服的地方，有可能真的是我们自己不够成熟或者有所缺陷的地方。通过这种方式反思一下自己是否在某些地方做得不够好，或者有点过分在意。容易痛的地方一般都是有伤的地方，可以借此机会好好看看伤口在哪里，之后就可以给伤口包扎或者上药了，这也是一个不错的自我成长契机。

严重，那该不该生气

有时候，如果玩笑真的不好笑，那就是另一回事了。

你明明心里不舒服，却还要对朋友的玩笑一笑而过。作为社交手段，我们可以理解。对于不熟悉的人或者关系不远不近的人，这样的态度其实很成熟，能够一笑而过，或者略过这个话题也很好。你做得很好。

如果是和亲近的朋友相处，你也可以选择坦诚一点儿，告诉他们："你们别再开我××的玩笑了啊，你们开这一类型的玩笑我不是很舒服。"注意措辞，不要指责对方，只是表达你的态度：一是这类玩笑让你很不舒服；二是提醒对方最好不要再开这类玩笑；三是如果玩笑话里跟自己的缺点有关，可以反向询问别人的建议。

总的来讲，你需要告诉他们，这对你来说真的是个事，那他们就会知道不该随便开玩笑。很多时候我们不表达，对方就真的不知道。越是亲密的朋友、家人，越是如此，甚至越是因为我们信任对方，或者在意对方感受因此选择不表达自己的不满，等到自己情绪累积爆发那天说漏嘴，双方受到的伤害就越大。

如果那些跟你开玩笑的人是你亲密的朋友，且对方也没有恶意，只是调侃性质地和你打闹，你可以根据自己的感受来决定是否要和他们说。有人会觉得朋友之间开得起玩笑，相处更自在；有人会觉得与那些让人如沐春风的朋友关系更好。这都看你的感受。

开不起玩笑就是矫情吗

或许你会担心，如果跟他们说，他们会不会觉得我矫情？

人无完人，我们都有各自矫情的地方。我在一些特定的事情上也特别矫情，如果从这个角度看的话，我绝对属于很麻烦的那种朋友。而我的朋友们也各有各的矫情之处，在我看来没什么，我也知道自己该如何好好护着他们这些矫情的点。在朋友、家人面前，谁还不是个小王子、小公主了？如果有些事情真的让你难受，可以尝试着将自己矫情的那一面小小地展露一些，而对于你朋友的那些矫情事情，你也可以当他们的"小管家"，护着他们一些。

毕竟，朋友就得区别于路人，能更宽容地接受对方矫情的那部分。

所以，如果你真的不爽，与其在心里埋下一个小的"地雷"，等着哪一天吵架了引爆，不如试试对朋友矫情一把，好好说清楚。

当然，社交手段还是得学会。对自己亲近的人在亲密距离中矫情就行了，面对不熟也不想惹麻烦的人，那咱们还是该一笑而过就一笑而过吧。

不过，好在当我们长大的时候，身边的这些同学、朋友也在长大，随着年纪增长，他们大概率会越来越懂分寸，乱开玩笑的情况也会越来越少。

除此之外，随着你的成长，大部分玩笑对你来说都不是事儿了，可以风轻云淡一笑而过。

所以，如果这个问题很困扰你，我更推荐的一种解决方式就是把一切交给时间和成长。

与朋友有利益冲突、竞争关系时，该如何相处

> 我和朋友都想竞选班长，后来我竞选上了，感觉从此之后他对我就有些疏远了。直到后来在一次活动中，又是我在竞争中胜出时，他直接和我爆发了冲突，说我什么都和他抢。可那些机会也是我想要的，争取利益是我的权利，我也没想到会破坏友情。请问我该怎么办呢？

在有利益冲突的情况下与他人的关系变差，其实是一个很常见的问题，哪怕你原本没有注意到，你可能也正在面对这样的问题。

真的要问如何解决这个问题，最好的答案就是：就

事论事，摊开讲清楚。

有句话比较常见——谈钱伤感情。聊利益这事，确实好像会让感情被物化，显得不真诚，但你要认真说的话，真诚不是靠不谈钱体现的，而是靠长期相处、尊重对方、关心对方来体现的。所以，也别管什么所谓"谈钱／利益伤感情"的俗语，别管大家向来如此的默认："对朋友本就该让利三分。"毕竟"向来如此"并不总是最佳答案。

谈钱伤感情？不谈钱更伤感情

其实，生活中谈利益，谈得明确一点儿，反而更不容易得罪对方。否则，有朝一日你与朋友发生冲突时，可能会使所有的不愉快卷土重来。等到那时候，原本该如一场夏雨般速来速去的正常吵架，就会变得很难停下。

因此，如果对方人品尚可、讲得通道理且还有些契约精神，那就直接和对方说。如果是借钱的问题，那就固定好金额，确定好归还日期；如果是竞争的问题，那就约着吃顿饭，说说笑笑间，约好公平竞争。因为是提前说好的事情，不好违背，双方看在彼此的信任和感情上更不好毁约。只要你先把事情说清楚，说好结果，不只是你想维护情谊，对方也不好撕破脸皮。

这一切都是就事论事，不聊感情，与"够不够朋友"无关。但若是对方打感情牌"绑架"你，你也可以"绑架"回去，明确说清楚自己的难处，大不了和对方卖个惨，再问问对方："我都这么惨了，你还逼我，想占我便宜，你够不够朋友？"当然，别直说，直说容易吵架。

总的来讲，就事论事。利益冲突分事前事后，起冲突之前有需要准备的事情可做，起冲突之后也不是不能聊清楚。这件事不只靠你，也靠对方是否明事理和乐意沟通。因此，如果偶尔因为利益冲突和朋友分道扬镳，不一定怪你。

如果你真的在利益冲突中在意和朋友的关系，别害怕，按照道理把事情说清楚是很好的选择，这样后续也不容易伤到彼此感情。哪怕对方当下真的被得罪了，或者有些不愉快，过段时间也会缓过神来。只要你不理亏，等对方情绪过了之后，修补关系就要容易很多。

如果对方也和你一样在意这段关系，别担心，说清楚避免误会，利益冲突是可以化大为小、化小为无的。

怎样才是好朋友之间最好的相处状态

觉得和朋友相处挺累的,太近了自己会很烦,感觉朋友也会烦,就像牙齿和舌头都会打架一样,毕竟完全合拍几乎是不可能的。但太疏远了又没意思,不然交朋友干吗呢?所以,我想问问,怎样才是朋友间最好的相处状态呢?

说真的,这事我真不知道。每个人对朋友的需求不一样,每个社会环境的文化对于好朋友的定义也不一样:可能是高山流水遇知音,也可能是四合院里打群架;可能是萍水相逢拔刀相助,也可能是轰轰烈烈酒肉朋友。许多关于什么是最好的友谊的问题，只能问真正处于那段关系中的人。

至于我为什么不知道，我类比一下，我问你一个问题，你看好不好回答：最好的爱情是什么样的？

怎么说呢？古今中外所有爱情小说所描述的答案是五花八门的。所以，这种感性的问题每个人都给不出标准答案。凡是和感情相关的事情，大部分都是冷暖自知。最好的友情是什么这种问题，只有自己真正去交朋友才能得到答案。

这里我换个思路来回答。虽然我不能告诉你什么是和朋友相处的最好状态，但我能说说我认为和朋友相处不好的状态。

危险信号一：当你拒绝邀请时……

如果你拒绝他（她）的邀请，他（她）会埋怨你，而不是体谅你有自己的事情。

这个是显而易见的。假如你中午打算在食堂随便吃点，下午好集中精力复习，他（她）却硬要约你出去吃饭，软的硬的话都说了。先说什么"晚点儿再复习也没事"，再说什么"咱们好久都没出去吃饭了"，最后来一句"你不去就是不给面子"。你若是的确有安排拒绝了他（她），他（她）会背后抱怨说你真难约或者和其他朋友说你坏话，而不是对其他朋友解释说你有别的事情来不了，那你就可以快跑了。朋友之间互相理解还是应该有的，若是这点都没有，那这朋友不交也罢。

危险信号二：当他（她）关注的是你的毛病而非优点

如果他（她）不停否定你、贬低你，甚至在你难受自责时也一直强调你的错误和缺点。

这种情况很让人失望。我认识的人部分女生包括我自己是这样的："这是我闺密，她超棒，我管你怎么想她，姐妹我替她撑腰。"（这里指的是女生之间的友情，男生同理）如果是好朋友，那都是关注朋友的闪光点，哪怕对方有些小缺点，也会在偶尔吐槽一下后，还是想和他（她）待在一起。

而如果对方一直嘲讽你的选择，嘲笑你的缺点，其至经常主动提起你一些没有注意到的小失误,那你就快跑。他(她)可能没把你当平等的朋友看,只是单纯地在你身上寻找优越感。

不危险但遗憾的情况

当你开始质疑自己的友谊,你开始深思最好的友谊到底是什么样的。

事实上,最好的友谊不一定是终身的。我们都会改变,都会成长,也会拥有不同的人生。

或许在你提出这个问题之前,你有很好的朋友,你享受和他(她)在一起的时间,享受和他(她)一起学到的东西,你珍惜他(她)且信任他(她),他(她)也珍惜你且信任你。但随着时间推移,你们有了不同的兴趣,走向了不同的人生道路,对话变得尴尬或者不再那么有趣,和对方相聚的时间越来越少,看到对方消息的第一反应也不再是回复而是假装暂时没看到。事实上,这并不是一件很特殊的事情,我们大部分的友谊可能都会这样慢慢随着时间无疾而终。没有正式告别,也没有特殊事件,但结束或者承认对方不再是自己最好的朋友可能是一件痛苦而煎熬的事情。

如果你的情况是这样的，你不用急着跑。如果你和你朋友不是彻底走远，那你可以根据自己的情况主动出击，和对方聊聊，多约约对方，甚至搞点儿小活动。或者，你也可以慢慢放手，彼此都相互祝福。

你要记住一点：哪怕他（她）不再是你眼前最好的朋友了，但你们仍然还是朋友，友情还是在那里——虽然变淡了，但还在。哪怕过了十年，你们还能聊一聊曾经的事情，一起开怀大笑，放下芥蒂，放下尴尬，一起干杯，一起聊天。

因为你们在一起的时光是独一无二的，除了对方，你们又能和谁说起呢？

其实怎么选择都看你。你选的朋友，你和他（她）相处，你和他（她）笑、和他（她）哭，和他（她）凌晨一起赶论文……如果这段友情让你感到温暖、有动力、被信任和支持，那它就很好。它不一定是最好的，谁知道最好的友谊是什么样的呢？也不需要知道。

CHAPTER 5

成长篇

不够自律怎么办

<u>明明知道每天只要踏实认真地学习,我就可以有不错的成绩,以后有机会考上理想的大学,可是,我就是控制不住自己,总是想去做一些和学习无关的事。</u>不光是学习,在其他一些事情上,我也控制不住自己。我知道这样不好,心里也很着急,我该如何变得自律呢?

控制自己当然不是一件容易的事——哪怕我们穿得衣冠楚楚,用知识和思考武装着自己。因为人类本质上也是动物,是动物就会有冲动和贪图享乐的部分。我们永远喜欢快乐的事情,永远追求刺激,相比之下,等待和努力会显得乏味。

因此，心理学上，当我们谈到自控力的时候，我们不只是在说控制自己的能力，同时也在说延迟满足的能力——不是为了眼前的快乐和刺激，而是为了未来的满足和奖励。

心理学上有不少实验证明，年幼时的延迟满足能力对未来的成绩、健康情况、幸福都会有影响。比较典型的代表就是知名的斯坦福棉花糖实验：一群孩子分别拿到一颗棉花糖，并且被告知，如果他们等到研究人员回来后再吃棉花糖，就会得到第二颗棉花糖作为奖励。等待后的第二颗棉花糖就是孩子们所面对的延迟奖励，而实验中那些能够忍耐到获得延迟奖励的孩子，也确实有更好的人生结果，无论是成绩、身体健康，还是财务状况。

因此，提升自控力，我们要做的第一件事就是明确自己的延迟奖励。

很简单但总是忘记的延迟奖励

简单来讲，我们知道努力会带来未来的好处，但我们总是会忘记，增加自控力最简单的开始就是提醒自己自律可能带来的延迟奖励：确定在枯燥的忍耐和努力之后，自己可以获得什么。如果你在学习，那可能是知识和成绩；如果你在减肥，那可能是健康和美丽。知道自己的目标是什么，知道自己所想要的奖励是什么，这能够在一定程度上提醒自己：如果不自控，后果会是什么，同时起到警醒自己和鼓励自己的作用。

我自己的体验就是：我觉得自己不够努力，因为没有具体的目标，所以很容易失去自控力，放任自己玩乐很久。虽然我偶尔会因为纯粹的同辈竞争和焦虑升起强烈的自律和努力的想法，但大多数情况下，如果缺乏目标，我的自控力很难有成效，因为我并不知道具体的延迟奖励究竟是什么。相反，如果设置好目标，知道达成目标的奖励是什么，我就很乐意行动。

如果是长期目标，比如成绩提升，需要的时间周期长，且不知结果如何，这种延迟奖励或许容易让人在努力过程中将热情燃烧殆尽，所以，建议设置一些小的延迟奖励。比如，学习完这一章节的知识并完成习题，就可以看一段自己一直想看的视频，玩一会儿游戏；又比如，你完成了月考排名提升 3 名的小目标，可以请自己吃一块一直舍不得买的很贵的蛋糕，或者去自己想去的地方休息一下午。自控可不是一件容易的事，我们可以适当给自己一些甜头，甚至创造一些奖励来继续激励自己。

合理运用"体力"是玩生活这场游戏的基本素养

提升自控力，我们要做的第二件事情就是明白短期之内的自控力是有限的。

如果你在某一天拼命学习了，可能就更难控制自己晚上不吃零食。当你利用自控力完成了第一个大任务后，你有可能把自控力消耗完了。因此，短时间内你可能压根儿没有精力来完成第二个需要自控力的大任务。这在心理学中被称为"自我损耗理论"（Ego Depletion）。

因此，我们需要注意，不要在短期内给自己设置太多需要自控力的目标，最好是一个一个来。因为自控力本质上是一种资源，和游戏的体力条一样，用完了就得等恢复。如果给自己设立了太多需要自控力的目标，其中几个目标可能会因为耗尽了自控力而失效，打击到我们完成目标的自信心。

举个例子，如果你既想数学提分，又想阅读提分，那你可以一步一步来，先集中学一个。如果你还想增加每天锻炼的目标来维持健康，也不是不可以，但必须将其中一个目标所需的自控力放少一些，等适应了再逐步增加。你可以先从每天跑一圈开始，等你习惯了这一任务，并逐渐在这个任务上不用消耗太多自控力，就可以再增加一些运动量或者添加其他目标。

总的来说，目标一个一个地完成，一口吃成大胖子不可取，也吃不成。

自控本质上是一种能力，而能力都可以锻炼。

打一个玩游戏的比喻，尽管短期之内自控力会是一个消耗的体力条，但如果你升级了，你的"体力条"就会变长，就能做更多事情了。随着你一点一点使用自控力并锻炼，长期下来你所拥有的自控力能帮你做到很多事情。因此，你完全可以从今天开始就设立目标，训练使用自控力。

对于自控力这种短期消耗但长期增长的能力，重要的不是你这一次是否控制住了自己，而是你今天努力自控后，明天有没有继续努力。

最后我想给一个很直白但好用的建议——将你的干扰源锁起来，或者放到你看不到的地方。

听着挺像是废话，但实际上，很多时候如果我们没有看到干扰物，我们可能就想不起来。我看到零食会想着饿，看到手机就想到刷，但如果我没看到，可能就不会这么明确地感觉到饿了或想玩了。增加自己接触干扰源的障碍也是可以的，你可以把手机交给家长，把零食锁进柜子。当作一件事情的难度增加了，代价变大了，我们也更有可能选择放弃。

如果你想提升自控力，以上几条是我自己在实践中感觉比较好用的小方法，希望对你有所帮助或启发。自控力不是一蹴而就的东西，或许你需要花些时间和耐心来训练它，在你具体的每一个目标中反复把它拉出来彩排。

有点儿自卑该怎么办

我相貌一般，成绩一般，家境一般，也不像其他同学那样拥有特长。所以，我总是很自卑，不敢将自己暴露在众人的视线之下，总怕被人取笑，喜欢缩在角落里。请问我怎样才能克服自卑呢？

或许很多人认为自己并不自卑，也确实不自卑，因此觉得没必要读这篇文章。但我还是真诚地建议大家读一读它吧，因为自卑是一种我们并不总能察觉到的东西，它拥有不同的表现形式。自卑有很多种表现形式，比如有人表现得很自信来掩饰自卑，有人表里如一地很卑微。

当我们遇见比我们更加强大的人，或者遇到很难处理的事情时，我们很可能会产生自卑感。

自卑是动力还是拖后腿呢

自卑感本质上是一种驱使我们进步的动力，因为自卑感不好受，所以它会逼迫我们改变现状，处理问题。心理学家阿尔弗雷德·阿德勒所著的《自卑与超越》一书中提到，当我们遇到无法应付的问题，且表示我们绝对无法解决这个问题的时候，自卑情结就会浮现。自卑情结带给我们的是进步还是桎梏，取决于我们在面对自卑情结时的应对方法。

应对方法主要有两种，一种是追求卓越，另一种是追求优越感。前者引领进步，是我们人类从弱到强、发展至今的动力；后者只会让我们故步自封，把自卑累积成脓包。

你应该追求卓越，用勇气面对你的困境。无论是通过提升自己、寻求援助，还是主动去改变和瓦解困境，你都在寻找属于自己的卓越——你是能战胜这个困境的。哪怕没有战胜过，你也有可能通过在其他相近或不同的方面体现出卓越。这种卓越会给你底气和勇气去面对困境或比自己优秀的人。这一种卓越可以体现在能力上，有一种属于自己的技能或者自己擅长的东西；也可以体现在心态上，愿意去学习并积极地挑战困难来提升自己。无论是哪一种，追求卓越都会引领你调动所有的勇气和能力去面对问题，并解决问题。

本质上，解决问题或者让自己变得优秀，是唯一能根本性改变自卑的方法。或许你其实本身就有很优秀的地方，但你没有察觉到，如果是这样的话，你也可以大胆地尝试着做自己擅长或者做起来很舒服的事情，发挥自己的天赋和能力，获得一次胜利。有时候，我们需要一次成功的经历来意识到自己其实很优秀。在有一定的自信做基础之后，我们仍然会感到自卑，但那个时候我们会更有勇气去尝试挑战，跨过困难，让自己变得优秀。

我就不说什么"每天对着镜子夸奖自己"这种方法了。自信的确需要培养，这些方法对一些个例也的确有效，但没有什么是比一次成功或者获得优越的经历更能直接让人感受到"自己优秀"的方法了。当你有一定自信后，你会更敢于去尝试追求优越。如果你追求的是优越感，能够无惧挑战，勇于尝试去改变自己的劣势或发扬自己的优势，自卑感只会是你的动力和武器。

如何追求卓越

有两种方式追求卓越。

1. 什么让你感到自卑，就去改变什么。对我来说，很长时间我的自卑感来源于我的外貌。我曾经很胖，现在也不算瘦子，但至少身材匀称。所以，我花了时间控制饮食和减肥，我瘦下来的时候感觉自己什么都做得到。我连减肥都能做到，还有什么做不到？！那种克服困境的能力给了我一种底气，所以，之后类似的问题我都敢去面对。有什么做得不好的，我可以去学，学会了，再遇到困难或者比我优秀的人时，就不容易产生自卑感了。

2. 找到并发挥自己的优势。有时候我们确实无法战胜一些人或者一些困境。术业有专攻，每个人有各自的天赋，指望自己在所有优秀的人面前或者在所有困境中都拥有卓越是不可能的。正因如此，我们可以在一个自己擅长的领域找到成就感，在自己能做好的地方努力做到最好,这样我们的优势会成为我们的底气,从而抵御自卑感带来的负面情绪。

你可能会问,那如果我们追求的是优越感会怎么样?

什么也不会发生,问题仍然是问题,缺陷永远是缺陷。

如果片面追求优越感的话,我们会将自己放置在一个安全或局限的环境中,表现得很自信甚至自大,以此来掩饰我们的自卑感。一旦这个环境被打破,我们必须面对新环境的困难和优秀的人时,自卑感来势更汹涌。到那个时候,自卑感就不是一种情绪,而是一种情结。就像是伤口的脓液没有洗干净就将伤口包扎起来了一样,虽然表面看上去一切都好,但伤口可能会发炎、恶化。无论是通过打压比自己弱小的存在,还是缩进舒适区,争取优越感的努力总是朝向生活中无用的一面。当我们追求优越感的时候,我们其实是在说:我已经放弃寻找解决之道了,已经放弃提升自己,对改善自己的情况已经无能为力了。所以,我从心理上安慰一下自己,让自己好受一些。

如果我们追求的是优越感,我们只会在意心情,只会逃避问题。绝大多数问题不会因为逃避而消失,问题只会一次次找上门来。问题毕竟是问题,你不能指望问题自动消失。

因此,请不要追求优越感。如果你感到自卑,唯一脱离自卑的方式就是追寻卓越:让自己强大,能力提升,战胜困难。我们不能默认自己的软弱和无能,不能通过眼泪或者夸口来掩饰自己的自卑。

加油吧,少年!

很胆小，怎么能让自己更勇敢一点呢

> 我特别胆小，对同学来说很正常的事，比如大声讲话、主动举手，对我来说，都是巨大的挑战。上台演讲这种事更是基本与我无缘，甚至和人正常交流时，也常常声音小得我自己都听不到，更不敢说出不同意见。我知道这样不好，我也想变得更勇敢、更强大，请问我该怎么做呢？

我来告诉你一个秘密吧：我怕血、怕针、怕医院，恐高、恐水、恐蜘蛛。实际上，我进游乐场只敢玩旋转木马，但我家人和朋友基本没人知道。

好吧，和我去过游乐园或者密室的朋友很可能知道。

但问题是，这种胆小实际上压根儿就没啥必要纠正。怕就是怕，怕坐过山车又不妨碍你努力让人生开挂。

我们真正需要让自己勇敢的时候，往往都是在和别人相处、在自己人生的选择方面：我们对自己的选择没自信，不敢在人前表达自己的想法，不敢独立做一件事情，总是寻求帮助和建议。说白了，我们希望自己更有主见，而这方面的胆量不是一天两天就能培养起来的，因为它建立的根本在于我们是否对自己保持充足的信心。

如果我们尚处于培养自信心的阶段，那么慢慢来，这不是三两天就能解决的问题，不过接下来的文字可能会对你有用，至少它对我是有效的。我有段时间很容易受别人影响，因为照顾到别人的情绪，所以不会很直率地表达自己的意见，而采取以下方式很快就帮我鼓起勇气表达。

没有目标是胆小，有目标是谨慎

要变得勇敢，你要知道你想要什么。

这听上去很像是废话,但在你还没有建立起完整的自信时,最好的办法就是找到自己的目标。大到你想要读什么专业,小到你小组讨论能不能发言,我们在做这些事情的时候,都有自己明确的目标。只有知道目标,我们才能围绕着目标做计划,甚至做好防护自己的准备。正因为不够自信,我们才更可能完备自己的计划;而我们的计划越完备,也越能增强我们的底气。如果我们的目标达成了,自然很好,这会为我们下一次充满勇气的行动做好准备;如果没有,我们也会清晰地知道是哪一个具体的步骤出了问题,而不是处于一种模糊的愤懑和委屈之中。如果不知道自己想要什么,我们就会觉得自己好像有什么东西要说,却又说不出口,最后只能郁闷地沉默着,然后遗憾地觉得自己如果更有勇气该多好。对生活不满却无处伸张,最后只能不断怪罪到自己的"胆小"上。

以上内容挺抽象的,我解释一下吧。

比如你有一件想做到的事情,或者一种想回避的情况。让我们假设一个场景,小组讨论时发言,你想鼓起勇气说出你不赞成某个同学的观点,而不希望自己的反驳就这样埋藏在心里。

这个时候，你的目的是什么？是维持小组团结和睦的气氛？那你可说可不说，随你。但如果你的目标是让你们小组的项目做得更好，那这个目标会让你不可避免地和别人产生冲突，但冲突对于你的目标是必要的。所以，你必须说出你的反对，为此你要思考很多解释和反驳的方法以说服组员，达到你的目的——也就是让小组项目完成得更好。

也许这听上去对你来说很困难，但实际上会比你想的要简单很多。你有明确的目标，并围绕其做了明确的思考，它们会给你一种底气和推力，哪怕你声音在抖，你也会在阐述中慢慢找到步调。因为你的脑子里真的有具体且可描述的东西，所以，你只需要把它们说出来而已。这比从混乱的思绪中抓东西要容易多了，而且在这个过程中，你会屏蔽掉部分不自信的思考。

一开始不要太过紧张，从一件你想做的小事情开始思考就好。找到你的目标，并围绕其制订计划。当你发现，为了你的目标，沉默和胆怯毫无用处时，你会清晰地知道问题的严重性，而它只是个问题，可以被解决。先从一件小事的勇气上做起，比如上课举手，比如提出意见，然后再慢慢扩展到一些人生的选择上。一些小事的成功能积攒你的勇气，成功的经验也能让你在类似的事件中更加自如，且得心应手。

当我们害怕时，对方给出任何的负面信息我们都会认真考虑，最后，我们自己的声音被淹没在人云亦云中。久而久之，我们越来越不知道自己到底想要什么。越是不清楚自己想要什么，越是无法清楚表达自己想要什么。表达已经是困难的事情了，还要在自己都没想清楚的情况下表达，只会越说越小声，越来越害怕。

所以，你越是缺乏勇气，你的脑子越要清楚：自己要什么，不要什么。只有想清楚了，当我们真的积攒了勇气要开口，才能说出我们真正想要的东西。

虚无的勇敢弱于坚定的胆小

如果你正在为自己的胆小而难过，不一定要急着将自己放在一个完全没有准备好的环境中去刺激自己——这可能对一部分人有用，但对于另一部分人，失败会加剧自身的不自信，适得其反。在你尝试跳出你的舒适区去勇敢表达和展现自我之前，不妨花些时间直视自己的想法。

毕竟只有你找到了自己的需求，才能让别人知道你的需求。因为大部分人并没有细腻到足以照顾你的需求，尽管他们可能没有恶意，但你的需求只会被忽视和削弱。

而在这一点上，你要花漫长的时间去思考。

但有的问题要不了这么久，比如你晚饭想吃肉，又或者你不想被人抄作业。从很小很小的事情开始，探寻你的选择就好。你会慢慢建立起属于你的关于"自我"的系统。当你拥有了它，你不需要强调虚无的"勇敢"，你只需要朝着你的目标，一步一步去实现。

如何让自己变得乐观呢

我不是一个悲观的人，但我也不算一个乐观的人。我做不到像有些人那样，浑身充满能量，治愈自己，感染别人；同样一个问题，别人看到的都是好的一面，而我看到的都是不好的一面。我也想成为一个乐观的人，让自己更积极一些，我该怎么做呢？

在我的认知里，乐观和悲观一样，不是一种性格，而是思维方式。这代表着谁都可以用。

很多人都说乐观的核心是幽默，是能够自嘲不好的事情，能在低谷里发笑，在挫折后将其轻松略过。确切来讲，乐观是对压迫的生活、人生的局限、所有你能想到的阴暗面,带有嘲讽且自娱自乐精神,也叫"黑色幽默"。

但其实幽默是一堂进阶课,我们得先学点基础的:对于乐观而言,需要一种独特的思维方式,无论在什么时候都要相信,总会有好事发生,总会有转机,自己能做的事情还有很多,需要相信自己能够继续探索解决方案或者放弃"死磕"。只有知道这些,我们才能将不好的事情当成可以开玩笑的素材,因为不好的事情不是生活的全部,总有些好的东西能让我们对这次挫折哈哈大笑。而找到这些好东西的思维方式就是重点。

因此,我想跳出"幽默"这个过分固定的词语,来聊一聊怎样在所有的场景里找到些好东西,让自己开心,让自己有底气,让自己有力气去嘲笑那些坏事情。

下面我们就来谈谈怎么在平平无奇、错漏百出的生活中找到一些好东西。

感恩的心,感谢有你

长话短说,很多研究都表明,感恩能让人幸福。

举一个例子。早上起来,推开窗一看,窗外天气真好!我因此开开心心出了门。路上我收到了教授发的邮件,说我的论文大纲需要重写,我很难受。教授说如果需要帮助,可以去他的办公室面谈。于是我想,不管你是不是会批评我一顿,我都会去。我仔细看了看教授给我的评论,还算具体,所以我上完课后根据评论调整了大纲,然后跑到教授办公室聊了半天。教授指出了论文中可圈可点的地方和需要大改的地方,我现在懂了,并感谢教授。然后我去图书馆改完了论文大纲,最后还加了点新想法。我很高兴,觉得自己很棒,对自己说辛苦了,然后便回家做自己日常该做的那些事情:写稿子、锻炼身体、看书和玩乐、洗漱睡觉。

请问上面例子中有哪些事情值得感谢(排除还活着且世界没有崩溃这种过分感恩的答案)?

答案是:天气、教授、自己的努力。

这三项基本代表了你能够在生活中找到的可以乐一乐的三种好东西,如环境、人际关系、个人能量和成长。

无论如何,你都能在这些东西中找到至少一个让人快乐的点。如果找不到，你可以降低自己对于感恩的门槛，从"今天一件好事都没有"到"今天早上妈妈做了我喜欢吃的早餐，谢谢"和"呜呜！今天门口路过的猫咪好可爱，谢谢猫咪"，哪怕只是这样微小的事，它们都值得你去感谢——因为它们都能给你带来正面的情绪能量。如果你发现自己每天值得感谢的东西很多，你就会发自内心地想：我真幸运，我的口子过得真好，虽然有些部分很烦人（比如例子里我重改论文大纲），但总的来说好事还是很多。

需要提醒的是，我们总是会忘记感谢自己。我们努力生活，努力学习，处理人际关系也好，处理自我成长也好，每个人都付出了很多努力，却不一定总是得到了回馈。如果外界没有给你反馈，那不妨自己感谢自己：我今天很努力了，我今天学到了一些新东西，我做得很好，这对我自己很重要，我必须感谢自己。这样反复感谢自己能够告诉自己一件事情：自己是能做很多事情的，自己是最能帮助到自己的人了。我们总是忘记感谢自己，总是谴责自己做得不够，从今天起，对自己好一点吧，在你感谢别人和美好事物之前，不妨先对自己说："谢谢！你今天很努力了，所以辛苦啦！"

乐观的底层是"我有好多东西啊"

本质上，对生活中的种种表达感谢，其实也是在提醒自己，生活中能够给自己带来快乐或成长的东西很多，自己也拥有大量的资源。而这很大一部分都不是我们会主动想起要感谢的东西，因为我们会忽视它们，把它们当作理所应当的背景板。但如果能够每天都提醒一下自己，今天遇到了哪些开心且值得感谢的事情，写下来慢慢记住，那积累下来的好事就会很多。它们不一定会是你人生的转折点，但它们会告诉你，你拥有的美好比你想象的多很多，它们会让你认为无论是什么情况，你始终是有些运气、资源和实力的。

当你的内心被积极的感谢和幸运填满时，会出现一种神奇的情况。当你遇到困难时，也能够因为自身拥有的值得感谢的事情很多，因而对不好的事情感到轻松不少：它们对你仍然有影响，但你知道还有很多值得感谢的东西在支撑自己，所以你能够去面对它们，能够游刃有余地战胜它们，甚至嘲笑它们。

等到那一步了，你就可以开启自娱自乐的黑色幽默了。

我老是喜欢逞强，寻求帮助是脆弱的表现吗

我一直都坚持自己的事情自己做，拒绝求助于他人，比如生病了，自己去医务室；新学期去领生活物品，发现自己一个人拿不完，宁愿不要一些不必要的物品，也不让别人帮我拿一下。求助别人会让我感觉到羞耻和尴尬，要我拉下脸去求助别人，那我宁愿花费更多的精力独自面对。虽然明知道有的时候寻求帮助会让自己轻松很多，可我就是不想被别人发现我的脆弱不堪、不够强大。请问我的想法是对的吗？

寻求帮助是不是代表脆弱，需要根据不同情况来判定。但逞强，很多时候都是一种憨憨的表现。拿游戏类比：有人堵门"杀"你，你不会摇号喊人一起打吗？

事实上，寻求帮助可能并不是一种脆弱，它甚至可能是一种能力、一种勇气的体现。

求助是另一种强大

请允许我说一句比较容易让你生气的话：不要"人菜瘾大"。这不是在针对你，我是在说，在座的各位，包括我自己，大家都很"菜"。我们毕竟只是个人，毫无疑问个人的能力是有限的，更别提我们还是一群年轻无能又自大到不知道自己年轻无能的"小兔崽子"。

这些话并非在引战或者嘲讽你，你可以理解成我在讲一个客观规律，它与你学的牛顿第一定律和"1+1=2"一样，不带有任何攻击性，就是一个常态：作为个体的人类是很弱小的，我们做得到的事情很多，但做不到的事情更多。

但并不是每个人都愿意承认自己的无能。面对并承认自己的无能和缺点,是一件有些伤自尊的事情,可是实际上,只有承认自己的弱点,才能在真正意义上变得强大。

因此,适当的时候寻求帮助,反而是一件能彰显你强大能力的事。一来可以借助更多人的力量获得更好的结果;二来承认自己的不足并保持谦逊,本身就是内心强大的表现。现实生活中,懂得承认自己不足并寻求帮助的人,大概率上会比逞强的人更厉害,无论是能力上,还是心态上。

这在某种意义上像是下棋或者策略游戏:你得承认自己的弱点是什么,才能变得更强。要么你通过寻求帮助来补足自己的弱点,要么你需要一些同盟的掩护来换取自己克服弱点的时间。可我们的弱点总是很多,所以在适当的时候,直接寻求帮助可能是更有效的办法。

总的来说,寻求帮助是一种能够成熟地面对自己的局限性的行为。因此,当你真的需要帮助的时候,不要因为寻求帮助而感到羞愧,你一个人努力了很久,已经做得很好了,而你能够及时寻求帮助也很勇敢。

所以,我们需要主动地、大声地、明确地表达我们需要的帮助。

不求助的孤军奋战

简单来讲,大部分人都是听到了求救声才会去帮忙。足够善良、心有余力且体贴入微的人是少数。

很多时候,我们需要发声和求助来获得帮助,因为有的问题我们可能无法独自解决。在这本书里其实也有很多类似的问题,可能是关于自律和自我成长,可能是关于家庭关系调节,也可能是更严重的校园欺凌或者被孤立的事件。我们首先要认清我们只是学生,我们的经验和能力并不足以处理大部分事情,正因如此,他人的帮助就至关重要。而如果你不说,他人很可能察觉不到你的困难。或许察觉到了,也可能因为你没有求助,而没有及时意识到问题的严重性,选择观望。

因为人和人不能完全理解,因此被动地等待帮助、一个人在泥潭里挣扎是很难等到一只能把你从泥潭里拉出来的手的。你得喊出来,无论是用石头在沙滩上摆SOS,还是直接大喊求助。

虽然人跟人之间有隔阂,但同理心、善良和一些勇气能让我们一定程度上理解对方,理解的程度不需要很深,但足够让我们并肩前行并成为一段路上彼此的支撑。只是这样的理解需要有人先开口求助。

顺带说一下，独立和自不量力是有很大区别的。前者值得夸赞，后者不被提倡。独立的人对自己的事情有信心、有把握，因此他们会依靠自己的能力去完成，但当遇到能力范围之外的事情时，他们也能够主动寻求帮助来完成目标——将"独立"理解为"什么事情都只依靠自己一个人的力量"的人是很容易把自己累垮的。

对于自不量力的人，我奉劝一句：没有金刚钻，别揽瓷器活，去喊人帮忙吧。

不一定是搭把手，也可以是一个拥抱

关于这个话题，我还想特别提一下"情感上的帮助"。我们总是会忽视这一点，但寻求帮助不总是局限于具体的事情，有时候我们需要的帮助可能是一种情感上的支撑和陪伴：一个拥抱，一次倾听，一句鼓励，一份认可。我们所需的帮助可能只是这些，但并不是所有人都能够察觉到自己情感上需要帮助，也并不是所有人都敢于透露自己脆弱的内心。

但我们毫无疑问是需要的——人偶尔会遇到超过自我承受能力的苦闷和情绪，在我们找到适合的发泄途径之前，我们可能会忽视自己情感上的需求，一个人闷着将所有的坏心情发酵。坏心情可不会发酵变成美酒，有的情绪累积起来可能会生成毒液腐蚀我们的内心。正因如此，情感上寻求帮助也很重要。

因此，当你从情绪上感到无法承担时，你也需要告诉自己：你或许需要他人情感上的支撑。你可以找你信任的人，比如父母或者朋友，一个拥抱或者一场聊天可能都会有用。如果父母或朋友无法给你想要的安慰，学校的老师、心理医生或者一些长辈也是可以的。

情感上的帮助和事务上的帮助一样关键。无论是哪一种，我们都该懂得去面对自己的弱势并寻求帮助。

情感上的帮助可能会有些抽象，所以在最后我写点儿自己的事例帮助大家理解：我心情很难受的时候可能会给我妈发微信聊聊天，也可能去找我的室友要一个拥抱，我室友已经很习惯我突然跑过去索要一个拥抱，抱完后啥也不说又钻回自己房间干活。我室友难受的时候也会喊我回家给她带些零食，我们会坐在一起聊天，也会偶尔在察觉到对方过分劳累的时候主动叫停。

也许这些对我们实际面临的困难没有直接帮助，但情感上，我们充满了电，就有力气去继续面对困难。

而且找人要一个拥抱超爽，有一种平静下来且被支撑的感觉。你当然可以说我幼稚，但我有美女室友可以抱抱，她还会陪我聊天、分点心给我吃，这个方法对我来说很有用。

社会太"卷"了，我想"躺平"可以吗

父母和身边的好多人每天都在跟我讲挣钱好难，生活好难，让我好好学习。可是我看新闻，很多人都失业了，其中还不乏毕业于名牌大学的学生，而且就算是名校毕业的研究生，收入也不太多。可是，每年还是有那么多的人去考研。真的感觉现在的社会太"卷"了，我觉得自己不管再怎么努力，也没办法过上自己想要的生活，不如"躺平"算了，反正也饿不死，何必继续去"卷"，让自己那么累。

如果你是真心觉得"躺平"的生活挺好的，那没问题；但你如果只是因为想要逃避"内卷"才"躺平"，

那我们还是可以尝试一下支棱起来的——否则你大概率会在未来某一天后悔。你以为自己逃掉了"内卷",其实没有。

反过来也有一个相同的逻辑。对于想卷的人,如果你是真心喜欢"卷",那我无话可说,只能打心眼里佩服你并祝福你。而你如果只是因为别人都在"卷",自己不断感到焦虑而被动开"卷",那我就建议你别跳过这篇文章。咱们坦诚地讲讲,这是不是除了"内卷"和"躺平",就没有其他路子了?

要是真只有这两条路,那也挺憋屈的,一条路自我放弃,一条路被裹挟着累死累活,两条路听上去都挺让人绝望的。我们在未来的人生中,能不能走一条除此之外的、累并快乐着的道路呢?

肯定还是有的。

答案就在某些发自内心在"卷"的人当中。他们过得很快活充实,人生过得很好。虽然很累,但如果你去问这群人,他们人多只会和你分享他们丰富多彩的生活经验,而不是和你倒苦水觉得累。除非对方在使用一些社交技巧,适当示弱以拉近距离,防止自己显得高高在上。

这群人是真的在"卷"吗?也不是。他们之所以"卷",纯粹是因为他们有自己想要达成的人生追求。他们知道自己是谁,要干什么,要去哪里。在我们看来,他们在"卷";在他们看来,他们只是在过自己想要的生活。你额外学习画画的朋友,你常买化学卷子的同学,你放学回家后不玩游戏反而上网找视频课的隔壁家孩子,你以为他们在"卷",其实他们在享受他们的人生和追求目标的过程。

无论你是"内卷"人,还是"躺平"人,如果你感到劳累或者无力,如果你感到不安或者焦虑,那么不妨问问自己,你和上述那群人的区别在哪里?

在于主动性。

被动的"卷"和主动的拼

因为焦虑而逼迫自己学习工作;因为焦虑而逃避,选择咸鱼"躺平"。无论是哪一种,都是出于环境压力下被迫做出的选择。在这个过程中,人缺乏主动性,不知道自己要去哪里，不知道为了什么而努力，只知道眼下的熬夜和艰辛，或者眼下的娱乐让人不安和恐惧。没有期待，没有正面反馈，哪怕是咸鱼"躺平"感到了片刻的轻松，时间一长又开始隐隐自责。因为缺乏主动性，哪怕知道有些东西可以改变，却丝毫不知道从哪一个方向改变，又应该如何入手，因而困在原地，无法改变。

而那些发自内心在"卷"的人，他们拥有主动性：有方向，有目标，有动力。他们打心眼里清楚自己想干什么，这一辈子想怎么活，因此，他们能够顺着这一个大方向立下目标。你所看到的他们每一次"卷"，对他们来说都是完成了他们大目标下的一个阶段性小目标，他们能够得到离目标更近的正面反馈，也有动力继续坚持下去。他们是有动力且有激励地在"卷"，而有的人没动力，只是被动在"卷"或"躺平"。谁会走得更远先不说，谁会过得更开心，则高下立判。

你骂对方"卷"，对方还很茫然，这群人做事真的和"卷"不"卷"没关系，他们做事，他们开心，你管他们呢！

因此，如果你是逃避式"躺平"和被逼式"内卷"

中的任意一种，则说明你还没逃离"内卷"的恐怖旋涡。你没有主动性，所以你就是单纯地被卷进旋涡里了。而你其实能游出去的，哪怕狗刨，也不丢人。

逍遥不代表不"卷"

你可能会问：如何拥有这份主动性？这个问题，你得问自己。

真的，解决方式就是问自己，但也不局限于问自己，这是比较后期的事情。因为自我的认知或许太过于局限，因此，你要做的第一步，就是打开你的眼界。多交点儿朋友，多看些书和纪录片，好电影也可以看点儿，有机会出门积累一点儿生活经验，还可以找长辈聊聊他们的人生经验，聊完这家换那家，一个一个聊，他们过了什么样的人生，他们满足于什么，他们在后悔什么。自家人问完了就问互联网。

多些见识，多有点儿想法，多看看不同的生活方式，等你见得多了，你就可以开始问自己了：你觉得哪一种人生比较好，或者哪一种人生你绝对不想要？在这个过程中，也尽可能地去探索自己可能会感兴趣，甚至能够长达几十年热爱的东西。是不是"高大上"咱们无所谓，十年后能不能比你同学会上的所有人更光鲜亮丽也没那么重要，你自己的日子过得舒心乐呵比较重要。

咱们这群年轻人，见识不够，阅历不够，思想也不一定够深刻，所以，先不要管身边的人"卷"来"卷"去，先把自己搞好。各扫自家门前雪，莫管他人瓦上霜。

比起思考自己"卷"不"卷"，不如思考自己乐不乐。哪怕有现实的局限性存在，找到一个你觉得还算满意的生活目标也绝非难事。

如果你觉得听着太空洞，那我们聊个具体点儿的：早点儿思考你的大学专业吧，别填志愿前最后一个月想。多给自己一点儿时间，慎重地选择你真正想选的，别赶鸭子上架查"最新一年最热专业排行榜"。

说到底，我们都希望在人世间过得幸福逍遥。谁不希望？但"逍遥"不是代表着"闲"和"不累"，相反，逍遥代表的是"做自己想做的事情"。你可能会说，为了自给自足，为了养家糊口，为了家人和社会责任，我们不可能完全逍遥。

但我们也绝非完全不能逍遥，你的选择空间比你想象的要多，只是你不知道自己想做的事情是什么，所以错过了一部分选择机会而已。但未来这些机会还会有，你自己也会创造一些机会，所以，不如从现在开始抓紧思考，你想做的事情是什么。

有想做的事，自然就不想"躺"了！

奋斗太苦了，我想走捷径可以吗

我经常听长辈们说，班上混得最好的，都不是最勤恳努力的，反而是有关系或者脑子好使走捷径换来的成功；也确实看到过一些人，自己能力一般，但通过别人帮忙，得到大量资源，然后发展很好。人们常说，努力是成功的唯一秘诀，可我觉得通过这些捷径也能成功，干吗还要那么辛苦？我也不想努力了，想通过捷径去获得成功。

每个人所处的环境、拥有的资源、自身条件和能力都不一样，因此如何定义个人的成功是个很复杂的问题，我很难给你一个确定的回答。能够顺应时局抓住风口是一种优秀的能力，投机取巧有时也确实会事半功倍，能够察觉或创造并抓住你的机遇是一种优秀的能力。

但有一件事我很确定，大部分没有通过坚持得来的事物，也很容易随风而去。

因此，请不要轻易放弃努力，哪怕你已经走在一条捷径上。

总的来说，我对这件事情的看法可能会比较抽象且死板，我自己做事也是属于比较笨拙的积累型。虽然我的确因为笨拙错失了很多机会，但也因为积累，得到了很多机会。如果你愿意，你可以读一读我的看法，也许它能对你有所启发，或者其中有意思的地方会让你忍俊不禁。

选择踏实努力吧

我个人认为，随机应变是做事的能力，踏实努力却是做人的品质。随机应变和寻求新的途径本质上是一种发现新机会并保持灵敏和灵活的能力。而踏踏实实努力，却更像是一种对事物、对生活的态度，甚至是对待人生的态度。因为努力了，所以珍惜生活和收获；因为努力了，所以感谢自己并沉淀自己的成长。努力后的结果是需要等待的，可能很长时间才会得到，但这个过程本身就是对自己的一种锤炼。

因此，随机应变和踏实努力不一样，但也不冲突，它们本质上属于不同的层次。人可以随机应变抓住机会，同时在机会之上踏踏实实努力，创造自己的一番成就。所以，这两者结合才最好，毕竟所有的投机取巧都只能带来起点的优势，优势的延续则依靠个人的持续努力。

将做事的能力和做人的品质相比，毫无疑问，我会推荐优先选择提升做人的品质，然后可以在人生成长和阅历积累中去慢慢寻求技巧和做事能力的提升。在锻炼所有的能力、技巧和开阔眼界之前，我们应该优先锻炼自己，对自己认真，对生活认真，对生命认真。努力本身就是一种对自我和生活认真态度的体现。

你不必完全赞同我，因为这只是我个人的观点。我知道人们并不总是认为应该"认真"对待自己和生活，因为这种想法容易给自己太多负担。但从我自己的角度来看，越是认真对待自己和生活的人，越容易从人生和生活中找到意义，而意义本身就是一种快乐、幸福和满足感的来源。未经过努力而得来的收获，只是物理层面的收获,很难说你能从它身上获得一种"意义",因此,也很难说最终你究竟能从中获得多少幸福感和满足感。

永远不要放弃努力

除此之外,我不建议你放弃努力,也有另外一个原因。

先说说对"成功"的定义。大部分人所谈的成功是一种社会概念,可能是有钱、学历高、有名望、工作稳定等。但这是一种世俗意义上的成功,如果依照这个标准去投机取巧,可能会导致你错过更适合自己的"成功"。

我们都有想做的事情、想完成的事业和想尝试的梦想,而这些就隐藏着属于我们自己的"成功"。这样的成功很难说有没有捷径,但绝对需要你的投入和努力。无论结果是否符合世俗意义上的成功,因为投入和努力,我们都会获得属于自己的成功——幸福感和满足感。

最后,我想说说自己的真实情况。尽管我一向努力,但也常常很迷茫,偶尔会对很多事情感到疲惫,想要休息一下。太累时我会胡思乱想:我的每一天、做的每一件事、遇见的每一个人，这些累积起来形成的人生和我过去的经历代表着什么。可能没什么意义，可能努力和不努力在最终的死亡面前没有太大的区别。也许生命没有终极意义、绝对意义，可它有相对意义、过程意义。That's all and enough.（这就够了。）于是我会好好休息，第二天继续认真面对每一天、每一件事、每一个人。我现在也不知道人生最终的意义是什么，但我想这个意义是在不断变化的。

我唯一能够确定的是，我要做的事情是过好今天，过好明天，偶尔懈怠，但大体勤勉。我每一天都会有一些小小的积累，周而复始，年复一年。

扩展知识，认真思考，做出选择，为之努力。我希望自己的人生就是在这个过程中不断循环反复，我的时间所累积卜米的意义也许就蕴含其中。

总的来说，如果你渴求成功，无论是哪一种意义上的成功，请正视你所需的代价和付出。

愿你既能不拘一格，又能脚踏实地，收获成功和幸福！

身边有人去世了,我们该如何面对死亡

以前总觉得"死亡"这个词离自己很遥远,只存在于新闻里,或者是别人的言谈中,没有过多去想过,内心也没太大的感触。可是,直到最近自己的亲人去世,才发现死亡离自己真的很近,而且这种感受又真的让人有一种难以言说的难过。每天都会不自觉地想关于死亡的事情,然后深切地知道我们每个人最终的归宿都是死亡。爸爸妈妈会是这样的结果,身边的朋友会是这样的结果,自己也是。一想到这些就充满了恐惧和不安,这样的结果让人完全接受不了,可最终又必然会来临。请问我们该如何面对死亡呢?

从小到大，我们的教育中很少会提及死亡，似乎它是个禁忌。当然，它不是。它只是一件自然发生的事情，人会活着，也会死去，这是很朴素的道理。但直到直观地感受到他人死亡之前，我们对死亡的概念都很模糊。而且很多时候，死亡的噩耗来得很突然，因此，我们也没有时间去准备好自己的心情。它是一件会给生者带去负能量的事情：可能是因为悲伤，可能是因为思念，最重要的是，在逝者已去的情况下，我们总会有一种无力感。因为无论我们做什么，这个人都回不来了。从严格意义上来讲，我们也没有什么能直接为对方所做的事情了。

因此，如果你感到特别难过和慌张，没关系，好好地哭一场，好好地想一想。你有很多的时间想，想他人的死亡，想自己的死亡。想想死亡这个概念对你活着这件事意味着什么。

无法避免的死亡命题

对，你当然可以想想自己的死亡，这没什么大不了的。对于我来说，偶尔想一想我自己的死亡，能够警醒我自己，什么才是真正重要的事情。我当然希望活着，活很久，活成一个老妖怪。但我也认为我该好好考虑自己的死亡，因为不知道它什么时候来，可能是明天，也可能在很久以后。死亡是一件自然发生的事情，它可能会有些突然，但绝对不会突兀。正因如此，我才会偶尔想想它，这会让我有动力更好地活着。

至于其他人的死亡，也是同理，它会告诉我，我应该珍惜和这个人在一起的时间，并好好对待他。如果有什么想说的话、想做的事，最好赶快去说、去做。因为对于生者来说，死亡意味着一场不会再见的告别。所以，在告别之前，能做的事情都赶快去做。而在告别之后，所有的努力都不是为了死者，而是为了生者自己。死者的时间已经停止了，你所为之努力的，是你和他共处的时间和记忆。你感到无力也好，悲伤也好，这都是生命的一部分，也是人无法抵抗的一部分，你只能顺着时间慢慢接受。而接受对方的死亡，本质上是为了生者能继续生活下去，甚至生活得更好。

死亡是漫长的告别

或许谈论这些没什么意义,或许你也知道,你只是需要时间整理情绪。所以,我想花点儿时间写点儿我想写的东西。

我外公去年去世了,我总是想为他写些什么,但没敢动笔,因为我一直在想这件事情。当然,我最终会尝试着写点儿和他相关的东西。

我外公走的时候,我在国外读书,家里人没告诉我,怕我伤心难过又回不去。我每次给家里人打电话的时候,外公都不在家里,我一直以为他在医院。其间,我都没有和外公打通过视频电话,被瞒得严严实实。我也不是没想过外公时间不长了,我知道老人家身体撑不了多久,所以也想着能回去就马上回去。但那段时间,每次我给家里打电话,问起外公怎么样,他们都说外公还挺精神的,我想在这种大事上他们不会骗我,所以就相信了。

等我回去后,妈妈把我拉到阳台告诉了我实情。虽然我之前心里也有预感,但还是很伤心,一时难以接受。后来我去了外公的墓地,好好地和外公道了别,尽管迟到了很久。我去的时候正好赶上夏天，阳光很好，墓园里有杨梅树，我觉得这是他会喜欢的风景和气候。我蹲在那里，轻轻地向他倾诉了好久。

到现在为止，外公的墓地我只去过那一次。因为很快我就因做手术住了院，出院后又上飞机回学校读书了。

不过我也觉得，要是想外公了，不一定非得去墓园。哪怕那里视野很好，看得到外公的老家；哪怕那里长着许多杨梅树，杨梅很甜；哪怕我很想念他。我不去那里，是因为那里只有一块石碑，是留给我们这些后人的，不是留给他的，除此之外就是黄土和一切大自然该有的东西。也许墓园里并没有外公，那里只是他最后歇脚的地方，那里并没有关于他的一些记忆。

我知道我可以去哪里找他。外公教会了我一些事情，陪伴了我一些时间。死亡是指他不会再继续和我创造新的记忆，不会陪伴我之后的人生，我也不会为他创造新的记忆和产生新的陪伴了。但过去的记忆和陪伴仍然在那里，在我的记忆里，也在我的生活里。他在那块墓地里长眠了，但我记忆中的他不会长眠，直到我和我的记忆也因为我的死亡而不再更新。我记得他是一个有思想的、乐观的、质朴忠厚的、善良的，也永远笑呵呵的人。

所以，我要是想他了，可以不去墓园，而更应该回到自己的生活之中。只有在我的生活里，我才能找到他为我留下的痕迹。

我想，如果你身边有重要的人离世了，你或许也需要一些时间来整理心情。但等你缓过来了，就尽快回到你的生活中去，因为逝者总是活在生者的生命里。